Britta Mentzel

101 Dinge die Sie über München wissen müssen

BRUCKMANN

Inhalt

München, meine Herzstadt

Kann sein, dass diese Formulierung ein bisschen dick aufgetragen erscheint, aber München ist sowieso kein Fall für Untertreibungen, und wenn schon keine Liebe, so handelt es sich doch um eine Leidenschaft fürs Leben. Selbstverständlich vollkommen subjektiv empfunden – andererseits teilen etwa 1,5 Millionen Münchnerinnen und Münchner diese Leidenschaft mit mir und mehreren Millionen, die jedes Jahr aus dem In- und Ausland in die schöne Stadt reisen. Denn daran kann kein Zweifel bestehen: München ist schön. Auf eine für Deutschland ganz eigene Art – großzügig, prächtig und gepflegt; vielleicht ein wenig überdreht, ganz sicher überteuert, aber doch jeden Euro wert, den man hier verschwendet. Egal, ob man ihn am Chinesischen Turm in ein Bier unter blühenden Kastanien investiert oder in einen »Munich mule« mit Giesinger Gin, Gurke und Limette. Und ganz gleichgültig, ob er in die Spendenbox der Frauenkirche wandert oder in die Kasse der lichtdurchfluteten Pinakothek der Moderne.

Doch geht es in diesem Büchlein nicht nur um touristische Aspekte, sondern darum, ein Bild der Stadt in 101 Farben zu malen und ihre Vielgestaltigkeit in mindestens 101 Facetten zu beschreiben. Dabei dürfen die Schatten der Vergangenheit genauso wenig fehlen wie das reine Vergnügen, heute hier zu leben – betört von der schönen Lage, verwöhnt von einem enormen Kulturprogramm, in einer Metropole, die aus allen Nähten platzt und doch von sich selbst nicht genug bekommt. Mehr als eine Momentaufnahme kann es kaum sein, und doch, es geht nicht anders: eine Liebeserklärung in 101 Kapiteln!

»Langsam begreife ich, was das ist, ein echter Münchner. Ein Glücksfall ist es, kein Zufall.«

Napoleon (1769–1821)

1

Asam-Brüder:

Zwei geniale Architekten für die Ewigkeit

Dass eine Ausnahmebegabung zur Welt kommt, passiert in den normalsten Familien – aber gleich zwei Künstler von Rang in einer Generation? Vielleicht konnte das nur im wundersamen Barock geschehen, dem Zeitalter des Überschwangs und der hemmungslosen Reizüberflutung. Familiär vorgeprägt waren Cosmas Damian Asam, geboren 1686, und Egid Quirin Asam, geboren 1692, auf jeden Fall: Schon ihr Vater Hans zauberte in der Klosterkirche St. Quirin in Tegernsee die Fresken von Leben, Martyrium und Verklärung des Heiligen perspektivisch exakt auf die Decke. Seine Söhne übertrafen den Vater aber noch in Kunstfertigkeit, Ideenreichtum und Geschwindigkeit. In unfassbaren 18 Monaten renovierten sie den Freisinger Dom in Rokoko-Manier, nur zwei Jahre brauchte der Maler-Bruder Cosmas Damian für die Fresken in Deutschlands größter Barockkirche, St. Martin in Weingarten.

In München verbrachten die Geschwister mehr als ein Dutzend Schaffensjahre, in denen sie sich um die Heilig-Geist-Kirche am Viktualienmarkt sowie die Kloster- und die Damenstiftskirche St. Anna im Lehel kümmerten. Vor allem aber bauten sie im Hackenviertel auf ihrem Privatgrund eine Kirche, die heute ihren Namen trägt, obwohl sie eigentlich nach dem heiligen Nepomuk heißt. Der Gedanke ans Lebensende mag ein Motiv für den Bau gewesen sein – in schauriger Anschaulichkeit schneidet hier der vergoldete Tod den Lebensfaden ab –, die Sorge ums Seelenheil war ganz sicher eines. Und vor allem die totale Freiheit der Gestaltung: Kein Auftraggeber nervte, kein Zeitdruck lastete, und eigentlich waren noch nicht einmal fremde Kirchgeher vorgesehen, aber ihre Mitbürger wollten das »Theatrum sacrum« sehen, das da als perfektes Zusammenspiel von Malerei und Plastik, von Architektur und Lichtspiel inszeniert war.

Hinter dem beinahe schlichten Eingangsportal und der niedrigen Vorhalle mit der Sonnen-Decke entfaltet sich in der Sendlinger Straße 32 die sinnbildliche Pracht: Unten im Dunkel sitzen die Sünder im Jammertal, darüber liegt die weltliche Macht, während die Decke Gott und seinen Engeln vorbehalten ist. Ein ganzes Barockuniversum auf 22 mal 8 Metern, nach Westen statt nach Osten ausgerichtet und oben links mit einem kleinen Fenster versehen. Von dort konnte Egid Quirin aus seinem Wohnhaus gleich nebenan bis auf den Altar sehen. Sechs Jahre nach dem Baubeginn starb der Ältere 1739, der Jüngere überlebte die Weihe 1746 um vier Jahre.

2

Attentate:

Als die Geschichte den Atem anhielt

Zufall oder böse Fügung des Schicksals? In den knapp 100 Jahren zwischen 1919 und 2016 wurde München so oft zum Schauplatz politisch motivierter Anschläge wie keine andere deutsche Großstadt, noch nicht einmal Berlin. Und jedes Mal spiegelten die Attentate Zeitströmungen wider, angefangen bei der Ermordung des Ministerpräsidenten Eisner am 21. Februar 1919. Der linke Sozialdemokrat wollte im Landtag seinen Rücktritt anbieten, als ihn die Kugeln Anton Graf von Arcos trafen. Zunächst zum Tode verurteilt, wurde der nationalistische Student später begnadigt und nach vier Jahren Haft entlassen. Mit Verweis auf die Gefühle seiner Witwe scheiterten bis zu deren Tod 1987 alle Anläufe, Eisner durch ein Denkmal oder mit einem Straßennamen zu ehren! Das sagt leider viel über Bayerns gespaltenes Verhältnis zu Politikern mit farbigem Parteibuch. Inzwischen gibt es zwei Gedenkstellen: eine Bodenplatte in der Kardinal-Faulhaber-Straße, dem Tatort, und eine Glas-Licht-Installation am Oberanger mit dem Eisner-Satz »Jedes Menschenleben soll heilig sein«.

Auch das des Tyrannen? Eine Frage für Philosophen. Der Schreiner Georg Elser jedenfalls befand die Lage als ernst genug für ein politisches Attentat: Am 8. November 1939 zündete der Sprengsatz seiner Bombe im Haidhausener »Bürgerbräukeller«. Elser wollte damit nicht nur Hitler, sondern möglichst viele Regierungsmitglieder treffen, die sich pflichtschuldigst zur Erinnerung an den Putschversuch von 1923 versammelt hatten. Weil sein Flugzeug wegen des dichten Nebels nicht starten konnte, mussten »Führer« und Entourage einen Zug nach Berlin nehmen und verließen die Veranstaltung deshalb viel früher als üblich. Pünktlich um 21.20 Uhr löste der Zeitzünder die Explosion aus und tötete acht der etwa 120 noch im Saal arbeitenden Menschen. Georg Elser wurde auf der Flucht beim Grenzübertritt verhaftet und blieb bis zu seiner Ermordung am 9. April 1945 im KZ Dachau interniert. Eine wegen ihrer Unauffälligkeit umstrittene Installation erinnert daran: Jeden Abend zur Tatzeit leuchtet ein kreisförmig-explosionsartiger Schriftzug »8. November 1939« an der Türkenschule (Türkenstraße/Georg-Elser-Platz) für eine Minute auf.

Waren 1919 und 1939 die Zeiten düster, traf der Anschlag während der Olympischen Spiele 1972 die fürs Licht der Weltöffentlichkeit frisch polierte Stadt wie aus heiterem Himmel. Elf Mitglieder der israelischen Ringermannschaft starben bei der

Geiselnahme durch palästinensische Terroristen und während der gescheiterten Befreiungsaktion am Militärflughafen Fürstenfeldbruck. Das Olympia-Attentat warf einen Schatten auf die »fröhlichen Spiele« und zog bis in die 1990er-Jahre Vergeltungsoperationen des israelischen Geheimdienstes Mossad nach sich.

Als innenpolitisch motiviert gilt dagegen der Rohrbombenanschlag auf das Oktoberfest am 26. September 1980. Angeblich von einem einzigen Täter aus der rechtsradikalen Szene verübt, fiel die Bilanz grausam aus: 13 Menschen starben, mehr als 200 erlitten Verletzungen, wer sich damals im Umkreis des Anschlags aufhielt, erinnert sich an die Stadt im Ausnahmezustand. Unfassbare Ermittlungspannen verschleppten die Aufklärung des Attentats – so versagte etwa die Fahndung nach dem »Besitzer« einer am Tatort abgerissenen Hand, Zeugenaussagen wurden nicht ernst genommen. Seit Ende 2014 rollt der Generalbundesanwalt den Fall erneut auf.

Und das 21. Jahrhundert? Beim Amoklauf im Olympia-Einkaufszentrum liegen die Fakten auf dem Tisch: Am 22. Juli 2016 erschoss ein in München geborener Sohn iranischer Einwanderer neun Menschen, die meisten unter 20 Jahre alt. Erstmalig beschleunigten soziale Netzwerke die Verwirrung: Obwohl in der Innenstadt kein einziger Schuss fiel, erlitten dort 35 Menschen Verletzungen. War Fremdenhass der Auslöser des Attentats, Abscheu gegen den westlichen Lebenswandel, Mobbing oder Überdruss? Die Motive des 18-Jährigen sind schleierhaft.

3

Bally Prell:

Tenörin und Schönheitskönigin von Schneizlreuth

Wie kann ein Kind nur Agnes Pauline heißen, das immer schon derart nach Bally ausgesehen haben muss? Rund war sie, seelenvoll und um ihr Aussehen wenig besorgt – denn sie hatte ja ihre wunderbare Tenorstimme, echtes komödiantisches Talent und einen »Vatl«, der ihr die Lieder auf den Leib schrieb. Auch dieses eine, mit dem sie auf der Volkbühne am Münchner Platzl das erste Mal 1953 auftrat und danach immer wieder: »Mich, die Salvermoser Zenz,/habens zur Schönheitskonkurrenz/nach München aufigschickt«, sang Bally Prell als »Miss Schneizlreuth« und bekam 28 Vorhänge. Gewandet in ein grelles Rüschenkleid, mit langen Handschuhen, Sonnenschirm und Krönchen parodierte sie den aufkommenden Schönheitswahn der 1950er-Jahre.

Im anderen Dauerbrenner, dem »Isarmärchen«, heißt es »Wer einmal g'sehn dich hat, dich nimmermehr vergisst« – das galt der Stadt München, die Bally Prell seit ihrer Geburt am 14. September 1922 in Schwabing nur zu Gastauftritten verließ. Bereits im Alter von fünf Jahren hatte sie ihren ersten Auftritt im Odeon, der Konzerthalle mit legendärer Akustik, die der Krieg bis auf die Außenmauern zerstörte (als Bayerisches Innenministerium überwölbt den Klenze-Bau heute ein 700 Quadratmeter großes Glasdach). Bis zu ihrem Tod 1982 folgten ungezählte weitere Darbietungen auf Kleinkunst- und Wirtshausbühnen, meist in der Paraderolle als »Miss Schneizlreuth«. Irgendwie passt es zur liebenswert altmodischen Erscheinung Bally Prells, dass nur wenige unscharfe Mitschnitte einen Eindruck ihrer Bühnenpräsenz geben: »Jo, jo, bin Schönheitskönigin/dass dieses Wunder geschah,/verdanke ich nur/meiner zierlichen Figur« von zuletzt geschätzten 100 Kilo. Trotz der schlechten Bildqualität lohnt diese Begegnung mit der Volkssängerin und ihrem wunderschönen Bairisch. Und sogar ihr Ende passt ins Klischee: Bally Prell starb nach einer Kropfoperation.

Vor dem großen Jugendstilhaus in der Leopoldstraße 77, in dem sie ihr ganzes Leben lang wohnte, steht seit gut 20 Jahren ein Gedenkbrunnen. Eine Ehre, die in München nur wahren Volksschauspielern oder -sängern zuteil wird.

4

Bau-Meister:

Klenze versus Gärtner – im kreativen Clinch

Dass Konkurrenz das Geschäft belebt, hat im 19. Jahrhundert vielleicht niemand so gut verstanden wie der bayerische König

Ludwig I. Der großzügige Verschwender (Wittelsbacher) brauchte für seine Träume von einem Isar-Athen geniale Architekten, und so zog er gleich drei Großmeister der Baukunst an sich, hätschelte sie, ließ sie zappeln und spielte sie gegeneinander aus, um aus jedem ein Maximum an Leistung herauszuholen. Einer von ihnen, vielleicht der Begabteste, Karl von Fischer, starb bereits 1820 – da war Ludwig noch Kronprinz, aber der nur vier Jahre ältere Fischer hatte schon einen »Generalplan« zur Neugestaltung Münchens entworfen, mit einer Achse Stiglmaierplatz, Königs- und Karolinenplatz, er hatte das Prinz-Carl-Palais und das Nationaltheater gebaut und war der erste Architekturprofessor der Akademie der Bildenden Künste. Insgesamt 36 Gebäude errichtete Fischer in seiner kurzen Lebensspanne – heute ist keines mehr im Original erhalten.

Die Bilanz des beinahe gleichaltrigen Leo von Klenze (1784–1864) fällt da glücklicher aus. Klenze verabscheute den verspielten Rokoko und ließ angeblich alle Zeichnungen seines Vorvorgängers François de Cuvilliés vor der Stadt verbrennen – nicht Pflanzenranken, sondern die klassische Antike war ihm Vorbild. Der gebürtige Niedersachse baute die Münchner schwindelig, beauftragt, gefördert und finanziert von Ludwig I. Angefangen beim Hofgartentor, errichtete Klenze den Königsbau und den Marstall der Residenz, die Allerheiligen-Hofkirche, das Konzerthaus Odeon, das Palais Leuchtenberg, die Glyptothek, die Propyläen, die Alte Pinakothek, das 1823 abgebrannte Nationaltheater, die ehemalige Residenzpost (heute das teuerste Mietshaus Münchens), den Karolinenplatz-Obelisken und den (gerade frisch sanierten) Monopteros im Englischen Garten. Daneben noch etliche Palais und auswärtige Projekte wie etwa die St. Peterburger Eremitage. Klenze legte den Odeonsplatz und die Ludwigstraße zur Verherrlichung seines Königs an … und doch kühlte sich das Verhältnis Ludwig–Leo irgendwann ab. Der Wittelsbacher lobte seinen Stararchitekten auf den Chefposten der neu gegründeten Obersten Baubehörde – und gab dem jüngeren Friedrich von Gärtner den Vorzug.

Der Rheinländer baute die heutige Staatsbibliothek, er durfte den Odeonsplatz mit der Feldherrnhalle vollenden und das

Siegestor entwerfen sowie das Universitätsgebäude mit der Ludwigskirche, die ein wunderbares Deckenfresko ziert. Als Gärtner 1847 überraschend starb, konnte Klenze zwar noch die Ruhmeshalle bauen, aber auch seine besten Zeiten waren vorbei – Ludwigs Nachfolger Maximilian II. hatte seine eigenen Favoriten.

Klenze und Gärtner stehen einerseits für die Klassik, andererseits für eine romantisch angehauchte Rückbesinnung aufs Mittelalter – die Geschmacksschwankungen, denen ihr König unterlag und die sie jeweils genial verkörperten. Bei aller Konkurrenz, der persönlich gefühlten wie der von oben geschürten: Eines hätte ihre kreativen Köpfe verbinden können: das Leiden unter ihrem launischen Auftraggeber, der überall mit- und reinredete. Aber wer zahlt, schafft an, und so fügten sich Klenze und Gärtner zumeist und gelten bis heute als Gegensatzpaar, deren Büsten sich sogar die Rücken zuwenden – auf dem Gärtnerplatz, um den herum die Klenzestraße verläuft.

5

Bayerischer Löwe:

Über ein Raubtier mit Migrationshintergrund

Nicht etwa der familiäre Hang zur Großmäuligkeit hat den Wittelsbachern den Löwen als Wappentier beschert, sondern –

oh Schreck! – die Pfälzer, und die liehen ihn bei den Welfen. Der bayerische Löwe hat also einen Migrationshintergrund, auch wenn er inzwischen beinahe als einheimisch gilt, immerhin begleitet er die Bayern schon seit 1214. Herzog Otto, genannt der Erlauchte, erhielt die Pfalz durch (Kinder-)Hochzeit mit der kurpfälzischen Prinzessin Agnes – und mit ihr den Löwen. Seitdem sitzt und steht er an jeder sich bietenden Stelle, mal bunt bemalt als WM-Maskottchen, mal als Symbol der vier Kardinalstugenden Klugheit, Stärke, Gerechtigkeit und Mäßigkeit. Aber Vorsicht! Unter die bayerischen Löwen hat sich ausgerechnet in der Feldherrnhalle ein preußischer gemischt: erkennbar am geöffneten Maul. Sein Schöpfer, Wilhelm von Rümann, war ein echter Löwen-Experte, der auch das liegende Exemplar auf dem »Löwenbräukeller« geschaffen hat. Woher Rümann kam? Aus Hannover, tiefstem Welfenland.

6

Bayerischer Rundfunk:

Vom Staatssender zum Funk für alle

Die Bilanzen können sich sehen lassen: Fast 84 Prozent der Bayern hören täglich Radio, und beinahe die Hälfte von ihnen schaltet eines der Hörfunkprogramme des Bayerischen Rundfunks ein.

Macht in nackten Zahlen 6,2 Millionen Hörer, die sich zwischen dem regional ausgerichteten Bayern 1 und dem Infokanal BR 5, zwischen dem Pop-»Lieblingsmix« auf Bayern 3, dem Jugendsender PULS und Bayern 4 Klassik, einer Insel im Charts-Brei, entscheiden. Auch das Bayerische Fernsehen verzeichnet Zuwachsraten und steckt mit Produktionen wie Christoph Süß' Frechmoderation »Quer« und der Soap »Dahoam is dahoam« den medialen Freistaatgeschmack zwischen seinem Hang zur Renitenz und gefühlter Ortsliebe ab.

Als Vorläufer des heutigen BR mit seinen über 3000 Mitarbeitern gründete sich die »Gesellschaft für drahtlose Belehrung« am 12. September 1922 und produzierte mit der »Deutschen Stunde in Bayern« erste Hörfunksendungen. Der 1931 eingesetzte Name Bayerischer Rundfunk mutierte in der NS-Zeit zum »Reichssender München«. Erst im Januar 1949 erhielt der Sender wieder die Lizenz als »Anstalt öffentlichen Rechts«. Das »Rechts« nahm der BR vor allem in seiner Anfangszeit wörtlich, boykottierte anstößige Lieder und strahlte unliebige Kabarettbeiträge nicht aus. Bis heute gilt das Funkhaus als konservativster Sender im ARD-Reigen. Viele Themen berührt das freilich nicht, etwa die ausgezeichneten Hörspielproduktionen oder auch das Funkformat BR 2 – ein Informations- und Bildungskanal für wissensdurstige Hörer. Zuletzt heimsten Funk und Fernsehen derart viele Preise für Reportagen, Dokumentationen, Kino-Koproduktionen und Filme ein, dass es scheint, als sei der lange Anlauf nötig gewesen, um schließlich solche Qualität hervorzubringen.

Dennoch: Immer mal wieder setzt sich die Tendenz zur Schönfärberei durch – und es fehlt bis heute dem einen oder anderen Intendanten und (Chef-)Redakteur an Distanz zur politischen Klasse – aber gottlieblob gibt es kritische Moderatoren und herrliche Parodisten, die den BR daran erinnern, dass er alles sein darf, nur kein Staatsfunk.

7

Bier:

Der Münchner und der Gerstensaft: die Geschichte einer großen Liebe

Nicht viele Dinge sind in München heilig: Das Bier ist so eines davon. Zwischen den echten Münchner und sein Bier passt nur der Rand vom Masskrug, so innig, ja existentiell scheint die Beziehung. Ein Klischee? Vielleicht, aber warum sollte es nicht wahr sein. Schließlich leistete das Bier, wenn auch verdünnt, über weite Zeiträume einen wichtigen Beitrag zur Ernährung der Stadtbevölkerung; es brachte sie nach Pestepidemien wieder auf die Beine und half in der Stark-Version über die Fastenzeit hinweg. Bis 19,3 Prozent Stammwürze erreicht die gehaltvollste Sorte Starkbier mit dem schönen Namen Giesinger Sternhagel – da mag das Hungergefühl drin ersaufen! Wenn zu Ostern die Starkbiersaison zu Ende geht, darf sich der Biertrinker trösten: Der nächste Höhepunkt naht mit dem Maibock.

Das ganze Jahr über bieten die Craft-Biere Abwechslung, die ihre Sorten nach Johannisbeere, Melone oder Whisky schmecken lassen. Freilich ohne das Reinheitsgebot zu brechen, denn auch Craft-Biere bestehen nur aus Hopfen, Malz bzw. Gerste und Wasser. Nur dass sich im »handwerklich gebrauten« Getränk (so ließe sich Craft übersetzen) die natürlichen Geschmacksnuancen der Ausgangsstoffe abheben und etwa das Whiskyaroma von der Aufbewahrung in Spirituosenfässern herrührt. Die Beschränkung auf die drei Grundsubstanzen legte die Münchner Brauvorschrift bereits um 1487 fest. Ihrem Beispiel folgte das später sogenannte Reinheitsgebot, das Herzog Wilhelm IV. am 23. April 1516 aus unerfindlichen Motiven in Ingolstadt erließ, um landesweit bierunkompatible Bestandteile wie Harze, Beeren oder Gräser auszuschließen.

Die Liebe des Münchners zum Bier reicht weit zurück. Die älteste bis heute existierende Brauerei der Stadt, das Augustiner, produziert seit 1328; erst in Klostermauern, seit der Säkularisation 1803 und dem Umzug in die Neuhauser Straße unter privater Leitung. Ihr folgten mit Spaten, Löwen- und Hofbräu, Hacker-Pschorr und Paulaner fünf weitere Großbrauereien und ungezählte kleine, darunter das Giesinger Bräu, gegründet 2006. Münchens jüngste Brauerei hat inzwischen die Jahresproduktion von 1000 Hektolitern überschritten – so viel trinken Oktoberfestbesucher in fünf Stunden. Zum größten Volksfest der Welt liefern die sechs hiesigen Traditionsbrauereien ein eigens gebrautes Bier, da muss sich der Besucher nur noch fürs schönste Zelt entscheiden.

Kein Problem mit dem Proporz hat auch der Biergarten auf dem Viktualienmarkt: Hier kommt an jedem Tag eine andere Marke auf den Tisch. Zu Brezn und Weißwurst, aber auch ohne sie, frei nach Sigi Sommer: »Das Bier ist das einzige G'müas, das ich noch beißen kann«. Inzwischen gibt es Bier sogar für den Kopf (und damit ist nicht der Kater gemeint). Im ältesten Bürgerhaus Münchens, in der Sterneckerstraße 2, ist ein sehr sehenswertes Bier- und Oktoberfestmuseum eingerichtet, und nur eine Stunde Autofahrt entfernt liegt das schöne Hopfenmuseum der Hallertau, mitten im größten Anbaugebiet der Welt.

8

Bier-Alternativen:

Munich Mule & Swimming-pool – die Ersatz-Drinks

Manchmal stellt sich der Verdacht ein, die sonst so ausgeschenkten Flüssigkeiten schmecken in München deshalb so schlecht, weil eine erzieherische Absicht hin zum einzig wahren Getränk (Bier) dahinter steckt. Aber vermutlich liegt das nur am falsch gewählten Ort: Wer einen Kaffee im Biergarten trinkt, darf sich nicht wundern, wenn der nach einer Mischung aus Spül- und Seewasser schmeckt. Man holt sich einfach keinen Kaffee im Biergarten und auch nicht im Brauhaus oder auf der Wiesn (dort höchstens beim Käfer, um das Haferl zu behalten). Für die richtigen Etablissements, etwa die »Morso Caffeteria« in Schwabing oder die »Aroma Kaffeebar« und »Man versus Machine« im Glockenbachviertel, trifft das nicht zu. Hier schmecken Espresso & Co. aus der fair gehandelten Bohne oder halogenlampengekocht. Auch für das gute Glas Wein empfiehlt sich der Gang zu den Experten: traditionell die »Pfälzer Weinstube« in der Residenz oder das Weinfest auf Schloss Blutenburg, die »Kork Weinbar« in der Angertorstraße oder Haidhausens »Wein Cantina«.

Und sonst? Seit Charles Schumann hier den Curaçao-blauen Swimmingpool erfunden hat, fühlt sich München führend auf dem Gebiet des Modegetränks. Das zu genießen ist heute schwieriger als zu Kir-Royal-Zeiten: Da gab die Bestellung eher Auskunft über den Geldbeutel als über die Geschmacksvorlieben. Erschwerend wirkt der schnelle Wechsel der In-Getränke. Sicher scheint nur, dass derzeit kein Trendsetter mehr Aperol Spritz und Lillet Berry anrührt. Stattdessen munden der Hugo-Nachfolger »Summer in London«, Wein-Slushie-Kreationen oder die alkoholfreie Maulbeerlimonade. Anstelle des einen Saisonsiegers färben heute viele Mixturen die Getränkekarten bunt. Wichtigstes Accessoire der 2016er-Favoriten war die Gurke: beim Lilleto oder zusammen mit Gin und Malzbier im »Munich Mule«. Gin der Marke The Duke stammt übrigens aus der Maxvorstadt – wohl der einzige Wacholderschnaps weltweit, der auch eine Hopfen- und Malznote enthält; na also!

9

Biergarten:

Ein Platz fürs Lebensgefühl

Kann es, sehr frei nach Adorno, ein richtiges Getränk im falschen geben? Wohl kaum, dafür aber das falsche Getränk am richtigen und auch am falschen Ort (Bier-Alternativen). Am besten schmeckt unbestreitbar das richtige Getränk am richtigen Ort, also das Bier im Biergarten. Zu dessen Wesensmerkmalen zählen die Kastanien, der Kies und die hölzernen Tische und Bänke, am liebsten ohne Tischtuch. Im Münchner Biergarten müssen zwar die Getränke geholt werden, den Düften von Steckerlfisch und Hendl darf man dagegen widerstehen und seine eigenen mitgebrachten Radieserl essen, wenn man möchte. Der raue Umgang bei der Getränkeausgabe gehört zum guten Ton, und der biergartentypische Klangteppich aus Gelächter, Gläserklirren und Kindergeschrei bildet jenes unverwechselbare Stadtgeräusch, an das sich auch hartgesottene Exilanten mit Rührung erinnern.

Der Biergarten ist eine grunddemokratische Einrichtung. Hier gibt es keine Standesunterschiede, und es hat noch nie jemand mit der goldenen Kreditkarte bezahlt. Zwar kann das Umfeld ein gewisses Stammpublikum anziehen, doch kommen und bleiben darf jeder und das, so lange er will. Etwa 1000 Biergärten soll es in München geben, allein 200 zwischen Bahnhof und Gärtnerplatz, gefolgt von 170 in der Innenstadt, 160 in der Maxvorstadt und 130 in Haidhausen und der Au. Das Angebot ergänzen 600 Wirtsgärten und mehr als 1000 Gasthäuser, die Tische und Stühle auf die Gehwege stellen – der gelockerten Freischankverordnung sei Dank geht das von Juni bis August am Freitag und Samstag bis Mitternacht.

Welcher Biergarten der schönste sei, darüber streiten wohl die wenigsten: Gemessen an der Größe von 8000 Plätzen und der umgebenden Fauna muss es der »Hirschgarten« sein, beurteilt nach der Nähe zur Isar die »Menterschwaige« oder die »Waldwirtschaft« in Großhesselohe, bewertet nach dem Essen z.B. der Biergarten am »Löwenbräukeller« – hier gibt es den Ochsen am Spieß. Im »Aumeister« am Nordende des Englischen Gartens geht es mangels Anwohnern bis in die Nacht hoch her, der »Augustiner«-Biergarten an der Hackerbrücke ist wie eine grüne Insel zwischen Gleisen und Beton, und beim »Hofbräukeller« am Wiener Platz ist das Publikum bunt und bezaubernd. Doch auch der »Taxisgarten« in Neuhausen/Gern, der »Biergarten am Chinesischen Turm« oder das »Asam-Schlössl« in Thalkirchen haben treue Anhänger, manchmal sind sie auch prominent.

Dass die Kastanie der bevorzugte Biergartenbaum ist, lässt sich historisch begründen: Ihre großen Blätter lieferten den tiefsten Schatten, den die Brauer brauchten, um im Sommer das Bier zu kühlen. Das durfte nur zwischen Michaeli am 29. September und

Georgi am 23. April produziert werden; in der warmen Jahreszeit lagerte es in Kellern und kam via Ausschank direkt und günstig an den Endabnehmer. Um die Gastwirte nicht zu verprellen, war den Brauern jedoch das Servieren von Speisen untersagt – deshalb kann bis heute jeder Gast seine Brotzeit selbst mitbringen. Der bayerischen Brauordnung des Jahres 1539 also haben die Münchner und ihre Besucher zu verdanken, dass es an warmen Tagen nur einen place to be gibt: den Biergarten.

10

Botanik:

Wo die Stadt in allen Farben aufblüht

Trotz Englischem Garten, Olympiapark und Maximiliansanlagen: München ist die am dichtesten bebaute Stadt der Republik. Rund 4500 Einwohner tummeln sich auf dem Quadratmeter, fast doppelt so viele wie in der freizügigen Hansestadt Hamburg. Da kommt den Grünflächen eine besondere Bedeutung zu und, für die Ästheten unter den betonmüden Bewohnern, den Buntflächen: den Beeten, Blumen und Gärten.

Als eine der schönsten Anlagen gilt der Hofgarten, gegen 1560 vor die Residenz gepflanzt, um dem Hoftratsch freien Ausgang zu ermöglichen – heute erfüllt er die gleiche Aufgabe für die Mitarbeiter der angrenzenden Staatskanzlei. Im Mittelpunkt seiner Symmetrie steht der zwölfeckige Dianatempel und verschafft Geigern, Sängerinnen und der Musik, nach der sich die Tangotänzer wiegen, eine gute Akustik. Kaum 300 Meter entfernt liegt der Kabinettgarten neben der Allerheiligen-Hofkirche, 2003 neu gestaltet und mit seinen Wasserflächen, Wegen und der sparsamen Bepflanzung von Feng-Shui-artiger Gelassenheit. Wenn die Magnolien blühen, sieht es aus, als habe es Sterne geregnet. Im Sommer locken Rosenbüsche die Bienen in den Innenhof. Alle anderen Besucher treten durch ein unscheinbares Tor am Marstallplatz ein.

Wie eine grüne Insel hebt sich der Alte Botanische Garten aus dem Verkehrsgetümmel rings um den Stachus ab. Friedrich von Sckell plante die 1812 fertiggestellte Anlage, die die »über den Erdkreis verstreuten Gattungen« aller Blumen vereinen sollte – so beschwört es die Inschrift. Für diesen Anspruch genügt der Platz vielleicht nicht, aber für eine Mittagspause im Schatten von Taschentuchbaum und Sumpfzypresse reicht es. Gut hundert Jahre nach seiner Eröffnung hatte der Alte Botanische Garten ausgedient: Es gab jetzt einen neuen in Nymphenburg. Mehr als 21 Hektar umfasst die Anlage neben Schloss Nymphenburg heute, über 14 000 Pflanzenarten gedeihen hier, und in den Gewächshäusern wuchert, was keine Chance hätte in unserer Klimazone, umflattert von exotischen Schmetterlingen.

Einen etwas profaneren Platz für seine Blütenpracht hat sich der Rosengarten in Untergiesing ausgesucht. Ursprünglich angelegt, um das Wachstum der edlen Blumen in städtischer Umgebung zu erforschen, gibt das Versuchsgelände heute frei zugänglich einen Einblick in die Formen- und Farbenvielfalt der Blumenkönigin. Vielleicht wächst ja auch dort die duftende Beetsorte »Mein München«?

11

François Cuvilliés:

Ein Zwerg macht Karriere oder: Der unaufhaltsame Aufstieg eines Belgiers in Bayern

Es war einmal ein wallonischer Junge, klein von Wuchs, aber groß an Talent. Mit zehn Jahren begegnete er einem König, der fern seiner Residenzstadt in den spanischen Niederlanden ausharren musste, eine Folge des Erbfolgekriegs. Das Kind erregte die Aufmerksamkeit des bayerischen Kurfürsten, weil es bei Tisch als Husar verkleidet aus einer Pastete sprang – aber vielleicht ist das nur ein Märchen und Max Emanuel wurde einfach so auf Jean François Vincent Joseph Cuvilliés aufmerksam. Er verpflichtete den Kleinen als Hofzwerg und Gesellschafter und nahm ihn 1715 mit nach München. Weil der Knabe Geschick beim Zeichnen zeigte, erhielt er in Paris eine Ausbildung zum Ingenieur. Vier Jahre lang sog Cuvilliés dort den neusten Trend auf: Rokoko, die sinnliche, naturalistische Gestaltungskunst, die es weniger auf Symmetrie anlegt, aber umso mehr auf Ausdruck und Anspruch. Der kleine Höfling lernt, dass sich die Innenausstattung nach den Bedürfnissen der Bewohner zu richten habe, während die äußere Form »angemessen« den gesellschaftlichen Hintergrund des Bauherrn widerspiegeln soll. Vor allem unter Karl Albrecht, dessen vom Vater geerbter Schuldenberg nur von der Größe seiner Ambitionen übertroffen wird, beherzigt Cuvilliés diese Bauprinzipien.

Sein Kurfürst strebt die Kaiserkrone an und prasst schon im Vorfeld – zum Beispiel mit den »kurfürstlichen Appartements« der Residenz, errichtet 1730 bis 1737. Diese »Reichen Zimmer« übertreffen einander in Ausstattung und Aussage. Noch während der Bauarbeiten erhält der belgische Baumeister mit der Amalienburg ein weiteres Projekt. Im Park von Schloss Nymphenburg gelegen, war das Jagdschlösschen ein Geschenk Karl Albrechts an seine Frau Maria Amalia. Seit 1739 ist es unverändert erhalten mit seinem Spiegelsaal, dem Hohen Zimmer, dem Jagdzimmer und dem Blauen Kabinett, durch die sich Tier- und Pflanzenmotive schlingen. Eine Rarität stellt die Küche dar, gefliest mit blauweißen Delfter Kacheln. Am Herd, übrigens dem ersten mit durchlöcherter Platte, soll Maria Amalia selbst gekocht haben.

Prunk, profan und Poesie – Cuvilliés konnte alles: Das nach ihm benannte Logentheater im sogenannten Apothekerstock der Residenz mit dreigeschossigen Rängen und riesiger Kurfürstenloge ist ein Traum in Gold und Rot. Die Dekoration des Zuschauerraums überstand den Zweiten Weltkrieg im Keller der Kelheimer Befreiungshalle und erstrahlt seit 2008, instandgesetzt mit 24,5 Millionen Euro. Den Höhepunkt von Cuvilliés' Lebensleistung aber bildet vielleicht die Theatinerkirche: Nachdem sie 90 Jahre quasi gesichtslos dagestanden hatte, verpasste er St. Kajetan die verspielte Fassade. Persönlich ist wenig über den kleinen Meister bekannt: Er zeugte 14 Kinder, wurde endlich doch Oberhofbaumeister und sprach bis zu seinem Tod am 18. April 1768 nie auch nur ein Wort Deutsch, geschweige denn Bairisch.

12

Deutsche Eiche:

Immer queer zum Mainstream, doch längst etabliert – ein Lokal macht frei

Diese Herren sind Ausnahmeerscheinungen – Macher, Manager, Netzwerker, charmante Selbstvermarkter, Traumimmobilienbesitzer im »The Seven« (Wohnungsmarkt), Wirte und schwul: Dietmar Holzapfel und Josef Sattler. Alle Beschreibungen würden aber ihren Auftritt an dieser Stelle nicht rechtfertigen, wären Holzapfel & Sattler nicht überdies die Betreiber der größten Schwulensauna Europas und des Etablissements »Deutsche Eiche«. Auf 1700 Quadratmeter Fläche dehnt sich das »Badehaus« in Keller und Rückgebäude der Wirtschaft aus – Vergleichbares gibt es sonst nur in Bangkok. Auch oberirdisch ist und war sie so eine Art Paradies für Homosexuelle, denen bis 1994 der Paragraf 175 im Nacken saß; man kann es heute kaum noch glauben. Die Wurzeln der »Deutschen Eiche« reichen allerdings in eine Zeit zurück, als sich noch nicht mal das Strafgesetzbuch um gleichgeschlechtliche Liebe kümmerte und mit Ludwig II. ein bayerischer König regierte, der seine Homosexualität vermutlich am liebsten auf seine preußische Mutter geschoben hätte.

Der Name »Deutsche Eiche« klingt mal gar nicht nach Regenbogen, ist aber historisch bedingt. Die Gaststätte ist sozusagen mit dem ganzen Stadtteil gewachsen, 1864, als sich aus dem Hofanger der Wittelsbacher die Ludwigs- und die Isarvorstadt bildeten. Nur ein Jahr später eröffnete das Gärtnerplatztheater, dieses dauerumrüstete Bühnenschätzchen, dessen Finanzierung bereits einem Drama glich. Hier sang, spielte und tanzte ein buntes Völkchen mit viel Enthusiasmus und wenig Geld, sodass sich die Großzügigkeit der »Eiche«-Wirte schnell herumsprach. Mal gab es eine Suppe gratis, mal ein Glas Bier, und die Künstler revanchierten sich auf ihre Weise und verlegten Feiern jeder Art in die Reichenbachstraße 13. Passenderweise übernahm 1896 die Familie Reichenbach den Schankbetrieb, zunächst Vater Emil, ab 1948 dann Ella Reichenbach mit ihrer Schwägerin Toni. Und Ella war es auch, die in den prüden 1950er-Jahren die Grundlagen für den »rosa Mythos« legte und Gäste jeder sexuellen Orientierung aufnahm wie Kinder in ihr »Mutterhaus«, von dem heute noch mancher betagte Stammkunde schwärmt. Ella selbst machte kein Aufsehen um ihr Publikum: »Bei mia verkehr'n 90 Prozent Künstler und zehn Prozent von Frauen enttäuschte Männer.«

Bis 1993 blieb die »Eiche« in Frauenhand, dann gab Sonja Reichenbach den Betrieb auf. Der Eigentümer Löwenbräu bot die Immobilie zum aberwitzigen Preis von 3,3 Millionen D-Mark an: Beinahe gegen jede finanzielle Vernunft übernahmen Dietmar Holzapfel, bis dahin Grundschullehrer, und Josef Sattler die Wirtschaft – und der Rest ist ihre Erfolgsgeschichte.

So populär ist die »Eiche« inzwischen, dass Besucher sie busladungsweise bestaunen und den kostenlosen Führungen von Dietmar Holzapfel lauschen. Natürlich dürfen auch Heteros und Frauen rein, lesbische sowieso, und auf der wunderschönen Dachterrasse mit Stadtpanorama am gerade angesagten Münchner Modegetränk nippen. Sattler & Holzapfel, seit 2002 verheiratet, engagieren sich derweil in der Szene – Dietmar Holzapfel ist Mitglied der Rosa Liste, schreibt unermüdlich Leserbriefe, mischt sich ins Stadtleben ein und fährt selbstverständlich beim Christopher Street Day auf dem CSU-Wagen mit. Als Eiche verkleidet, angetan mit grüner Perücke. Und wieso der Name »Deutsche Eiche«? Weil es stark, hart, treu und irgendwie männlich klingt. Passt doch!

13

Deutsches Museum:

Ein Ort zum Pritscheln, Staunen und Probieren

»Wer Visionen hat, soll zum Arzt gehen«, hat Helmut Schmidt einmal gesagt. Es wäre interessant zu wissen, was Oskar von Miller entgegnet hätte. Denn dessen Deutsches Museum schreibt sich folgende Vision ins Leitbild: »Wir sind das bedeutendste Museum für Wissenschaft und Technik und prägen den Dialog über die Zukunft der Erde.« Das ist ganz frei von hanseatischem Understatement und ein gewaltiger Vorsatz. Aber es ist ja auch ein gewaltiges Museum. Die Ausstellungsfläche umfasst 66 000 Quadratmeter, darauf verteilt sich ein Viertel von insgesamt 100 000 gesammelten Objekten. Auf sechs Ebenen widmen sich 35 Ausstellungen den »Meisterwerken aus Naturwissenschaft und Technik« – manchmal fallen sie bescheiden aus, wie die Buchdruckerwerkstatt oder der Arbeitstisch, an dem Otto Hahn und Lise Meitner Atomkerne spalteten, manchmal hochkomplex wie das Modell der Helios-Raumsonde oder die Tischsonnenuhr aus dem Jahr 1600. Wer das Deutsche Museum an einem Tag durchstreifen will, sollte seine Laufschuhe anziehen. Sinnvoller ist es, thematische Schwerpunkte zu setzen.

Angefangen hat alles mit einem Quecksilberthermometer von Réaumur aus dem 18. Jahrhundert. Es war das erste Objekt, das die Zugangsbücher 1903 im Geburtsjahr des Museums verzeichneten. Der Münchner Bauingenieur Oskar von Miller lag mit der Gründung voll im Trend. Die »dreidimensionale Enzyklopädie« sollte die Kluft schließen, die sich zwischen dem unbedarften Bürger und den hoch spezialisierten Wissenschaften auftat. Und andererseits wurde und wird aufbewahrt, was sich die Menschheit bisher Großartiges hat einfallen lassen.

Millers Museum ist niemals fertig. Es sammelt Fortschritte, etwa auf dem Gebiet der Halbleiterelektronik oder der Nanotechnologie. Zeitlich erstreckt sich der Wissensraum über 13,8 Milliarden Jahre: vom Urknall bis in die Handyzeit. Und nicht nur das Museum erscheint gewaltig, sondern auch sein Archiv, die Bibliothek und die Bestände an Handschriften, Nachlässen, Plänen, Karten und vieles mehr – universal, international, historisch, aktuell und nur den »Grundsätzen guter wissenschaftlicher Praxis verpflichtet«. Wenn das mal nicht visionär ist!

Als das Deutsche Museum zum 70. Geburtstag von Oskar von Miller am 7. Mai 1925 auf der Museumsinsel neu eröffnet wurde (übrigens mit 1500 Pfählen im Inselboden verankert), ging Helmut Schmidt gerade in die erste Klasse. Als Aphoristiker können sich Pionier und Politiker durchaus das Wasser reichen: Millers Spruch »In diesem Haus macht jeder, was ich will« galt mindestens bis zu seinem Tod am 9. April 1934, vielleicht auch noch länger.

14

Dialekt:

»Griaß God in Minga!« Das Weltdorf und die Sprache

Beim Dialekt kann man als Zugereister eigentlich nur alles falsch machen: Entweder man spricht ihn nicht und gilt als arrogant, oder man versucht ihn zu sprechen und wird als »Isarpreiß« verspottet – von dem knappen Drittel der tatsächlich in München geborenen Münchner und den anderen *native speakers* aus dem Freistaat. Die aber sind ja selbst zugereist und behalten meist ihren Heimatdialekt bei, der wo (!) auch nicht immer schön klingt. Es herrscht also ein babylonisch-bairisches Sprachgemisch, durchsetzt von Hochdeutsch, das inzwischen auch die Kinder echter Münchner fehlerfrei sprechen, obwohl bei ihnen zu Hause im Dialekt geredet wird. Immer wieder gibt es Initiativen, das Bairische zu retten, das wirkt ehrenhaft, um die Sprachvielfalt in Deutschland zu erhalten, und vorsintflutlich, wenn »Hallo« und »Tschüss« verboten werden sollen.

Die Kabarettisten verdanken den Preußen – als die alle Hochdeutsch sprechenden Menschen gelten, egal, woher sie genau kommen – unendlich viele Pointen. Wenn jemand als spießig, steif und ordnungstreu charakterisiert werden soll, spricht er Deutsch wie aus dem Wörterbuch – das funktioniert im Film wie im Hörfunk oder auf der Bühne und ganz besonders grantig bei Gerhard Polt. Die Karikierten müssen selbstverständlich mitlachen, sonst gelten sie obendrein als humorlos. Was die Kabarettisten übersehen: Viele würden gern im Dialekt sprechen, weil er so weich und nach Freundschaft klingt, aber sie schaffen es nicht, selbst wenn sie sechs Jahrzehnte in Bayern leben. Dieter Hildebrandt war dafür ein schönes Beispiel. Der blieb beim Hochdeutschen und wurde natürlich trotzdem geliebt.

Dialektforschern zufolge gilt das Bairische und besonders das Münchnerische als bedrohte Mundart, gesprochen von verschwindenden zwei Prozent der Bevölkerung. Die wesentlichen Merkmale ihrer Sprache sind die verkürzten und weicheren Wörter und Konsonanten (»Bäda« statt »Peter« und »Host mi?« für »Hast du mich verstanden?«) und demgegenüber das gemütliche Dehnen der Vokale (»Schui« für »Schule« und »Griasdi« für »Grüß dich«). Spätestens 2050, so prophezeien Dialektologen, ist die Münchner Mundart ausgestorben – ein echter Verlust, aber vermutlich nicht zu ändern. Pfiadi boarisch! (Behüte dich Gott, du bairische Sprache!)

15

Dralle Formen:

Warum die Bavaria auf Size Zero pfeift

Kein Mensch wäre anno 1850 auf die Idee gekommen, der Bavaria auf der Theresienhöhe Übergewicht zu attestieren. Schließlich lautet ihre Arbeitsplatzbeschreibung auf Kolossalstatue und nicht auf Magermodel. Schon ihr Körperbau aus Bronze ist nicht eben zierlich, und zudem dient sie als Symbol fürs erdenschwere Bayern. Da kam ein Size-Zero-Gerippe gar nicht infrage, zumal sich das Deutschland des Industriezeitalters am Wachstum orientierte und nicht an der Selbstkasteiung.

Darum also eine Darstellung der Landespatronin als Wuchtbrumme, gegossen aus den eingeschmolzenen türkischen Kanonen des griechischen Befreiungskriegs von 1827 – einerseits gelungenes Recycling, andererseits subtile Rache des Hellenenfreundes Ludwig I. an den Osmanen. Bavarias Guss aus vier Teilen galt als technische Meisterleistung; ihre Produktionskosten von exakt 286 346 Gulden als ein Pfund, das beinahe den Erzgießer Ferdinand von Miller ruiniert hätte, wäre nicht der frühere König beigesprungen. Heute erscheint die Bavaria auf der Theresienhöhe als eine Wächterin über das Oktoberfest, und bei nachlässigem Hinschauen könnte der Eindruck entstehen, dass sie ihren Lorbeerkranz übers bunte Volkstreiben hält. Macht sie natürlich nicht, sondern bekrönt stattdessen all die großen Bayern, deren Köpfe in der Ruhmeshalle hinter ihr vom Sockel schauen. Dass sich unter den 115 derart Verewigten ganze vier Frauen befinden, sagt einiges über den Bronzeanteil in den Köpfen der Auftraggeber.

Aber es gibt auch eine anmutigere Variante des Bavaria-Themas. Die Figur auf dem Dianatempel im Hofgarten etwa, geschaffen um 1590, hinterlässt einen vergleichsweise leichtfüßigen Eindruck, obwohl sie mit Salzfass, Hirschfell, Fischreuse und Getreide gleich vier Kennzeichen bayerischer Naturfülle trägt. Das formvollendete Original der »Tellus bavariae« steht wettergeschützt im Kaisersaal der Residenz. Dagegen ist der kräftige Körperbau Pflicht für die Göttin auf dem Siegestor: Immerhin muss sie den bayerischen Truppen auf einem Prachtwagen mit vier Löwen im Gespann entgegenreiten. Und auch das jüngste und lebendigste Sinnbild der Patronin, die Mama Bavaria alias Luise Kinseher, braucht eine gewisse Standfestigkeit. Sie hält seit 2010 die Fastenrede auf dem Nockherberg und liest ihren Kindern Horsti (Seehofer) und Markus (Söder) die Leviten. Mindestens ebenso spannend wie die Gardinenpredigt der Kabarettistin sind die Antworten gekränkter Eitelkeit, mit denen die bloßgestellten Politiker zurückblaffen. Alle anderen freuen sich übers mutige »Derblecken«, was in etwa Zähnezeigen heißt, der Kinseher und über ihre Bavaria-Auftritte mit klaftertiefem Dekolleté.

Um dem Theresienwiesen-Pendant Gerechtigkeit widerfahren zu lassen, könnte man deren Formen barock nennen. Von Fettleibigkeit oder gar Adipositas kann dagegen keine Rede sein: Mit einer Größe von 18,52 Metern kommt sie bei einem Gewicht von 87,36 Tonnen auf einen BMI von 25,4. Das ist gerade mal »leichtes Übergewicht«.

16

Dult:

Kult, Keramik und der wahre Jakob

Achtung, jetzt wird es kompliziert! Zwar ist die Jacobidult viel älter als die Mai- und die Kirchweihdult, aber sie komplettiert erst seit 1905 das Märkte-Trio auf dem Mariahilfplatz in der Au. Kuriosum Nummer zwei: Obwohl die Dult von der permanenten Veränderung lebt, hält sie an ihrem Kerngedanken seit 700 Jahren fest. Genauer seit dem Jahr 1310, als sie unter dem Namen »Tultmargt« erstmalig vor der Jacobskirche am Anger stattfand. Um das Patronatsfest am 25. Juli erlaubten die Franziskanermönche den Verkauf von Kämmen, Rosenkränzen, Süßwaren und Gewürzen. Im Unterschied zu den Wochenmärkten, die einheimischen Händlern vorbehalten waren, verschaffte die mehrtägige

Dult auch Waren aus dem Fernhandel Absatz: Fellen, Tuchen, Leder, Gold und Silber. Während der »freien gefreiten Jahrmesse«, zu der sie Ludwig der Bayer adelte, herrschte Marktfrieden – ein echtes Privileg, für das sich der »Marktherr« bis Ende des 19. Jahrhunderts verbürgte.

Während sich die Jacobidult dort ausbreitete, wo heute die Synagoge Ohel Jacob steht, sicherte Kurfürst Karl Theodor dem Vorort Au 1796 das Recht zu, zweimal im Jahr Markt abhalten zu dürfen: die Geburtsstunde der Mai- und der Kirchweihdult an ihrer heutigen Stelle, dem Mariahilfplatz. Nur, dass es damals die neugotische Mariahilfkirche noch nicht gab, geschweige denn ihr Carillon-Spiel mit 65 Glocken. Auch die angenehm bescheidenen Belustigungen, Riesenrad, Kettenkarussell und Schiffschaukel haben sich erst nach und nach hinzugesellt auf den zwei »Tandlermärkten«, die Haushaltsgeräte und alte Kleidung handelten. 1905 kam dann die Jacobidult hinzu – sie hatte auf dem zunehmend bebauten innerstädtischen Anger keinen Platz mehr und vagabundierte mehr als hundert Jahre durch die Stadt, bevor sie sich als dritte Dult in der Au etablierte.

Heute finden die Dulten im Mai, Ende Juli und Mitte Oktober für jeweils neun Tage statt. Sie gelten als größter Geschirrmarkt Europas, bestückt von gut 300 Standlern, bestaunt von 300000 Besuchern im Jahr. Eine Institution in der Institution ist der »billige Jakob« Georg Huber. Seit mehr als 65 Jahren bringt der geborene Fürther Weltsensationen im Bereich Hosenträger, Taschenlampen oder Gurkenschneider unters Volk. Wer ihn anschauen möchte, sollte nicht mehr lang warten: Der Huber-Schorsch ist Jahrgang 1935, also wirklich betagt; in Dult-Dimensionen aber ein echter Jungspund.

»Zwischen Kunst und Bier ist München wie ein Dorf zwischen Hügeln hingelagert.«

Heinrich Heine
(1797–1856)

17

Eis:

München unter null Grad

Die Kälte klirrt, die Sonne scheint, der Nymphenburger Kanal ist zugefroren und mit menschlichen Farbtupfern in Funktionsgarderobe gesprenkelt, die Schlittschuh laufen oder Eisstock schießen – so sehen es Bilder vom Winter in der Residenzstadt. Ob der knapp drei Kilometer lange Kanal von der Würm zum Schloss zufriert, ist in Zeiten des Klimawandels alle Jahre wieder eine Zitterpartie, obwohl die Nähe zu den Alpen und die Lage auf gut 500 Höhenmetern den Winter in München wahrscheinlicher macht als in Münster. Wenn es aber knackig kalt und sonnig ist, gibt es kaum eine schönere Zeit für den Stadtbesuch – und auch auf den Biergarten muss niemand verzichten, etwa vorm »Bamberger Haus« nahe dem Luitpoldpark oder im »Park-Café« an der Sophienstraße, jeweils mit beheizter Terrasse, Glühwein und eigener Eisstockbahn. Auch das »Paulaner«-Bräuhaus am Kapuzinerplatz, der »Hofbräukeller«-Biergarten am Wiener Platz oder – nur vom 1. November bis 31. Dezember – das Chalet vorm Käfer-Stammhaus bieten Winterquartiere outdoor.

Schnee am Einstieg und Temperaturen um den Gefrierpunkt sind auch kein Hinderungsgrund für die Surfer der Eisbachwelle am Haus der Kunst. Anders als im Juli müssen sie im Januar nicht an beiden Ufern Schlange stehen, dafür halten das Abtauchen bei fünf Grad Wassertemperatur nur die Härtesten aus – seit 2010 vollkommen legal. Seitdem gehört der Eisbach nicht mehr dem Freistaat, sondern der Stadt, die die Vorschriften des Wasserrechts anwendet und die Verantwortung auf die

Sportler überträgt. Auch das Schwimmen im eiligen Eisbach wird toleriert, sofern hier von Schwimmen die Rede sein kann. Besser trifft der Ausdruck »sich in der Strömung treiben lassen«, anders sieht es beim Schwabinger Bach aus.

Zurück zum Winter: Schöne Eisflächen fürs Schlittschuhlaufen bieten das »Prinze« (das Prinzregentenbad in der gleichnamigen Straße), das Eissportzentrum im Olympiapark, das Eis- und Funsportzentrum Ost oder natürlich die Eisfläche am Stachus. Dort, wo im Sommer der Brunnen Fontänen sprüht, erregen vor der »Glühwein-Alm« und der »Schmankerl-Hütte« eine schöne Pirouette wie die neue Winterkollektion Aufsehen.

Für den Besuch bei »Fräulein Grüneis«, einem fein restaurierten Kiosk in Eisbachwellennähe, und dem »Verrückten Eismacher« in der Amalienstraße gibt es keine ideale Jahreszeit. Fräulein Grüneis serviert temperaturangepasste Getränke, schließt allerdings mit Einbruch der Dunkelheit. Und der »Verrückte Eismacher« ist Sommer wie Winter eine Schau mit seinem Senf- oder Weißwurst-Eis, der Sorte Büffelmozzarella-Basilikum oder dem eher winterlichen Mozartkugelgeschmack.

18

Eisner:

Ein Sozialist macht Bayern zum Freistaat

Wetten, dass kaum ein Politiktreibender weiß, warum der Freistaat »Freistaat« heißt und wem dieses wohlklingende Attribut zu verdanken ist? Und wenn sie es wüssten – vielleicht behielten sie es lieber für sich, weil dem Begriff keineswegs der Geruch etwaiger Unabhängigkeit anhaftet und weil der, der ihn ausrief, vielen fast als Leibhaftiger erschien: Kurt Eisner, ein kommunistischer Jude aus Preußen. Eisner wählte in der Nacht zum 8. November 1918 diese Worte, auf dass das Land künftig monarchiefrei sein und eine freistaatliche Verfassung erhalten solle. Wie lang es tatsächlich dauerte, bis sich Bayern dem Ideal eines Freistaats annäherte, konnte Eisner kaum ahnen – und wer weiß, ob er den Prozess im 21. Jahrhundert für abgeschlossen hielte.

Kurt Eisner kam im Mai 1867 als Sohn eines Textilfabrikanten zur Welt. Er studierte Philosophie und Germanistik, schrieb als Journalist für das sozialdemokratische Blatt »*Vorwärts*« und wurde schon früh wegen Majestätsbeleidigung aktenkundig. 1907 verschlug es ihn nach Nürnberg, drei Jahre später nach München, wo er als Feuilletonautor und SPD-Mitarbeiter wirkte. Im Krieg entwickelte sich der Pazifist vom Systemkritiker zum Revolutionär, der aus Protest gegen die allzu kompromissbereite Haltung der Sozialdemokraten zur USPD wechselte. Als deren wichtigster Vertreter führte er am 7. November 1918 eine Kundgebung auf der Theresienwiese an und verkündete einen Tag später im Mathäser an der Bayerstraße das Ende der Wittelsbacher Herrschaft. Vom Arbeiter- und Soldatenrat zum ersten Ministerpräsidenten Bayerns bestimmt, hielt sich der schmächtige Mann mit Wallebart gut hundert Tage im Amt, bevor er am 21. Februar 1919 als Opfer eines Attentats starb: Frei genug für alle freien Meinungen war der Freistaat offenbar noch nicht. 1988 wurde zur Erinnerung an Eisner eine Bodenplatte an der Mordstelle eingelassen. Auf der steht »Volksstaat«, nicht Freistaat, als wolle man dem Juden, Preußen und Roten den – im bayerischen Kontext – Erstgebrauch dieses schönen Worts nicht zugestehen. Oh München!

Heute hantieren Politiker gern mit dem Beinamen, weil er den Eindruck erweckt, als sei man von Berlin, Bundespolitik und Kanzlerin räumlich und ideell getrennt und würde ein bisschen über den Dingen schweben.

❋

19

Englischer Garten:

Herrlich groß und heiß geliebt bei Nackerten und Angezogenen

Dieser Park sprengt den Rahmen: Knapp 5,5 Kilometer lang, maximal 1,1 Kilometer breit, 376 Hektar oder 1000 Fußballfelder groß – und der Englische Garten kann noch größer werden, wenn die Untertunnelung des Isarrings gelingt, der zurzeit den Nord- vom Südteil trennt. Etwa 5,5 Millionen Besucher durchstreifen Deutschlands größten innerstädtischen Park, finden Platz auf 15 000 Plätzen in vier Biergärten. Aber können Zahlen den Zauber dieses Grüns einfangen, das sich mitten in der Stadt breit- oder vor allem langmacht? Geben sie Auskunft über die Nähe von Naturgenuss und Großstadtpuls, von Vogelgezwitscher und Verkehrslärm, von Schafen und Stadtsilhouette?

Sich angesichts des Gartens in Schwärmereien zu verlieren, hat Tradition im Park. »Hier wo ihr wallet da war sonst Wald nur und Sumpf«, steht auf der Ruhebank von 1838, und Franz Schwanthaler stiftete drei Jahrzehnte zuvor den Sinnspruch: »Harmlos wandelt hier! Dann kehrt neu gestärkt zu jeder Pflicht zurück«. Er platzierte ihn auf dem Sockel eines nackten Jünglings aus Stein, den der Volksmund in aller Logik »den Harmlos« nennt.

Nackt ist ein gutes Stichwort, wenn auch nicht unbedingt ein aktuelles, denn der Englische Garten hat seinen Nimbus als innerstädtische FKK-Anlage weitgehend verloren. Es gibt einfach immer weniger Menschen, die sich entblättern wollen – noch dazu vor den Augen der Weltöffentlichkeit. »Fast nur noch ältere Männer« legten sich unbekleidet an den Eisbach, sagt Thomas Köster – bedauernd, denn mit den Nackerten habe München ein besonderes Merkmal verloren. Köster ist seit 1994 der Chef im Englischen Garten, er führt 60 Mitarbeiter, hat die »gärtnerische Leitung des Pflegebetriebs« und berichtet bei Bedarf dem eigentlichen Park-Boss, Bayerns Heimatminister Markus Söder. Ob der sich gleichermaßen an der Renaturierung des Schwabinger Bachs auf ein paar 50 Metern oder am alten Baumbestand erfreut, ist nicht bekannt.

Manche Buchen, Eichen und Linden stammen noch aus der Zeit, als der »churfürstlich Englische Garten« angelegt wurde. In einer Urkunde vom 13. August 1789 gibt ihn Kurfürst Karl Theodor in Auftrag. Bestimmt machte ihm die Malaise seiner französischen Amtskollegen Sorge und er sann auf Ablenkung seiner 40 000 Münchner Untertanen. In jedem Fall war der Englische Garten, der wegen seiner Gestaltung im englischen Landschaftsstil diesen Namen trägt, als einer der ersten größeren Parks Europas ab 1792 fürs Volk geöffnet. Entworfen hat die Anlage Friedrich Ludwig von Sckell, der später auch den Botanischen Garten am Stachus anlegte. Bis zu seinem Tod 1823 werkelte er als »Hofgartenintendant« an seinem Park und gab in dieser Zeit auch der Barockanlage von Schloss Nymphenburg ihre moderne Form als Landschaftsgarten. Wichtig waren Sckell einerseits der Eindruck einer gepflegten Wildnis, andererseits die Sichtachsen, die heute zumeist zugewachsen sind. Viele der knapp 80 Wegekilometer führen in leichten Kurven und verschlungen durch die Parkhälften, von denen streng genommen nur der südliche Teil als »Englischer Garten« gilt, der nördliche trägt den Namen Hirschau – noch aus der Zeit, als sich Reh und Rebhuhn Gute Nacht sagten in München.

20

Farben:

Wo München leuchtet – immer noch

Werbestrategen hätten sie sich nicht besser ausdenken können: die Farbkombination Weiß und Blau. Blau für den Himmel und die Seen, Weiß für vereinzelte Wölkchen, gestärkte Tischdecken und reinen Gipfelschnee. Das wirkt blitzsauber und eignet sich hervorragend zur Weiterverwendung im Firmen-, Banken- und Parteienlogo – quasi mit eingebautem Unschuldsbeweis.

Ursprünglich zierten die weiß-blauen Rauten das Wappen der Grafen von Bogen, eines ostbayerischen Adelsgeschlechts, das es im Hochmittelalter an Einfluss und Geltung durchaus mit den Wittelsbachern aufnehmen konnte. Offenbar auch an Expansionslust – denn gerade erst hatte Albert III. von Bogen einen Machtkampf gegen Ludwig I. angezettelt, als er im Alter von 32 Jahren starb. Er hinterließ drei minderjährige Söhne und seine junge Witwe Ludmilla, um deren Hand sich der Erzfeind bewarb. Nach dem Tod der Söhne aus erster Ehe gingen Länder, Besitz und das Wappen der Grafen von Bogen 1242 an Ludwigs und Ludmillas Sohn Otto II., genannt der Erlauchte. Seit dieser Zeit gehört Weiß-Blau zu Bayern wie das Salz zur Breze.

Eine andere würdige Münchenfarbe ist Gold: Gold wie die Reichen Zimmer der Residenz, Gold wie der Friedensengel am Isarufer und der schimmernd ausgekleidete Durchgang zum Alten Hof. Und Gold wie der 56-Millionen-Euro-Anbau zum

Lenbachhaus, mit dem Sir Norman Foster dem Museum einen neuen Zugang verschaffte, zeitgemäß und barrierefrei. Weil das historische Ensemble aus Villa und Gartenanlage unverändert bleiben sollte, versetzte Foster den Eingangskubus auf den Museumsplatz vor den Propyläen und brachte neben dem Kassenraum und dem Treppenaufgang auch noch ein schickes Café unter. Den optischen Eindruck einer Schatzschatulle erzeugen die messingfarbenen Rundstäbe der Fassade, die beinahe mit dem Ockergelb der alten Lenbachvilla harmonieren.

Gelb ist das Stichwort für die Theatinerkirche. Jahrelang zankte man um ihren Anstrich: Sollte die spätbarocke Pracht hellgrau werden, so wie sie möglicherweise nach der Fertigstellung im 18. Jahrhundert aussah, oder in dunklerem Grau, das dem Ludwigstraßenarchitekten Leo von Klenze vorschwebte, oder in einer Variante von jenem Gelb, das den Münchnern seit 150 Jahren ans Herz gewachsen ist? Da es sich bei der Theatinerkirche um staatlichen Besitz handelt, beschränkte sich die Farbgebungsdebatte aufs Kabinett. Man einigte sich auf Gelb.

21

Fasching:

Keine wirklich große Liebe

Dicke Freunde werden sie wohl nie, München und der Fasching – zumindest gilt das für den Großteil der Bevölkerung. Der kleine Rest aber feiert leidenschaftlich und kann sich immerhin über einen Zuwachs an Events freuen – vom Auftakt am 11.11. bis zum Tanz der Marktfrauen, beide auf dem Viktualienmarkt, reihen sich die Veranstaltungen auf. Dabei ist mehr Tradition im Spiel, als Faschingsmuffel denken: Die »Carnevalsgesellschaft«, gegründet anno 1893, gab sich bald den Namen Narrhalla. Ein Umzug fand statt, finanziert von den Brauereien, die sich über den perfekt mit dem Oktoberfest alternierenden Absatzzeitraum freuten. Beim ersten Faschingsprinzen war der echte Name mindestens ebenso schön wie der verliehene: Der Antiquitätenhändler August Humplmayr gab Gustl I. ab, allerdings musste der Prinz noch drei Jahrzehnte ohne Prinzessin auskommen.

Inzwischen sind sie längst als Paar Institution und dürfen sogar im »Bayerischen Hof« logieren. Auch der Festzug gehört nach einer mehr als 30-jährigen Kunstpause seit 2006 wieder zum Stadtleben, kaum einer wird zugeben wollen, dass er den Kölnern abgeschaut ist. Allerdings bringt am Rhein jeder vernünftige Veedelszoch die 38 Wagen auf, die hier als Umzug der Damischen Ritter ihre kleine Runde zwischen Sendlinger Straße und Sparkassenstraße drehen. Sogar die des Frohsinns eher unverdächtigen Stadtratsfraktionen der Linken, der CSU und der SPD schicken eine Abordnung auf den Wagen. Die Narren stört's nicht, meist haben sie mit dem Wetter genug zu tun, von den grantelnden Mitmünchnern, die keine Lust auf Fasching haben, ganz zu schweigen.

Wegen beidem, dem Wetter und den Verkleidungsmuffeln, trifft es sich gut, dass es so viele Indoor-Veranstaltungen gibt – den Ball der Sterne, den Gaukler- und Medizinerball, die Weißen Feste, den Kinderfasching und andere Soiréen, gern arrangiert im mondänen Deutschen Theater an der Schwanthalerstraße. Dort feiern die Narren so lange, bis die Marktfrauen auf dem Viktualienmarkt den Höhe- und Schlusspunkt setzen: Sie tanzen nach ausgefeilter Choreografie derart gut, dass manch Arbeitgeber seinen Angestellten rechtzeitig freigibt, damit sie am Faschingsdienstag nichts versäumen. Nach ihrem Tanz kommt der letzte Akt am Aschermittwoch: das Geldbeutelwaschen im Fischbrunnen. Das übernimmt traditionell der Oberbürgermeister, damit sich die Stadtkasse im nächsten Jahr wieder füllt.

Dass die Narrhalla mit dem Karl-Valentin-Orden einen Faschingspreis auslobt, der so unterschiedliche Persönlichkeiten wie Joseph Ratzinger und Til Schweiger schmückt, hat eine leicht bittere Note: Der große Komiker starb am Rosenmontag 1948 an Lungenentzündung. Er hatte – unabsichtlich eingesperrt – eine Nacht in einem unbeheizten Theater verbringen müssen. Wohl keiner hat so gut wie er das südbayerische Faschingsdilemma umschrieben: »Der Münchner … lässt sich in seiner Gemütlichkeit und in seinem angeborenen Humor nicht bändigen, denn er weiß, nur einmal im Jahr ist Fasching – und da will und muss er lustig sein – wenn's ihm auch schwerfällt.«

22

FC Bayern:

Unschlagbar – auf dem Platz und als Idee

Der 1. FC Bayern München ist wie Wasser, es gibt ihn in drei Aggregatzuständen: fest als manifeste Mannschaft, flüssig in Gestalt eines Wirtschaftskonzerns. Und gasförmig-vergeistigt im eigenen Museum in den Katakomben der Allianz Arena. Es gibt ihn also immer und überall, und meistens hat er vorher auch noch gewonnen.

Der 1. FC Bayern München ist der einzige deutsche Verein, der beständig auf Weltklasseniveau spielt. Seit der Saison 1965/66 ist er nicht mehr aus der Bundesliga abgestiegen, er hat 26 Meistertitel errungen und nationale wie internationale Pokale eingeheimst. Seine Spieler füllen die Reihen der deutschen Nationalmannschaft und die Klatschspalten der Presse. Anhänger finden »die Bayern« unersetzlich, Kritiker unerträglich – der »FC Hollywood« teilt die Geister und darf sich der Anerkennung sicher sein: Sportlich und wirtschaftlich reicht ihm auch international kaum ein Verein das Wasser. Der Fußballclub ist ein Konzern mit mehr als 300 Mitarbeiten, einer jährlichen Bilanzsumme von mehr als 550 Millionen Euro und quasi null Schulden. Ihm gehört die inzwischen abbezahlte Allianz Arena, das zweitgrößte Stadion in Deutschland, in das 75 000 Zuschauer passen.

Um den FCB kommt in München keiner herum, egal, ob er oder sie Fußball mag oder nicht. Gefühlt an jeder Ecke stehen Fanshops, um den Anhängern oder deren armen Eltern bzw. Großeltern das Geld aus der Tasche zu ziehen. Mehr als 100 Millionen Euro haben im Jahr 2015 Merchandisingprodukte in die Kassen des FC Bayern gespült.

Allein vor diesem Hintergrund erscheint es unverständlich, dass der Verein 2016 dem Bayerischen Rundfunk 150 000 Euro für die Übertragung der Meisterfeier aus dem Rathaus in Rechnung stellen wollte: Noch gehört das Rathaus nicht dem FCB – vielmehr sollten die Stadträte darüber nachdenken, beim Dauermeister die Kosten für die Balkon- und Marienplatzreinigung einzutreiben. Doch die Fußballer sind ein unschlagbares Werbeargument für die Stadt. Das musste sogar Christian Ude anerkennen, von 1993 bis 2014 Oberbürgermeister und als bekennender Anhänger des anderen großen Münchner Vereins, der Löwen, regelmäßig Adressat eines Pfeifkonzerts von 20 000 versammelten Bayern-Fans bei der Meisterfeier. Da hatte er noch Glück, dass nicht alle 227 000 Vereinsmitglieder und die geschätzten neun Millionen Bayern-Anhänger bundesweit auf den Marienplatz passen.

Der FC Bayern hat die besten Spieler, die besten Trainer, die beste Aussicht auf den Meisterschaftsgewinn – und er ist auf dem besten Weg, der langweiligste Verein Deutschlands zu werden. Eine Möglichkeit, die Dauerpräsenz des Primus zu beenden, wäre eine Quote, dass 80 Prozent der Spieler aus der eigenen Jugendarbeit kommen müssten. Das letzte Mal war die A-Jugend des FCB im Jahr 2004 Meister.

23

Filmschauplätze:

Auf den Spuren von Pumuckl, Derrick und Baby Schimmerlos

Wenn es schon nicht FC-Bayern-Spieler Jérôme Boateng sein kann, dann wünschen sich die Münchner Kinder wenigstens Meister Eder und seinen quietschvergnügten Pumuckl als Nachbarn – sofern sie noch Hörspielen lauschen und betagte Serien schauen. Denn die Zeiten, als Gustl Bayrhammer alias Meister Eder in seiner Werkstatt im Lehel herumwurstelte und auf ein Bier über die Isar ins Wirtshaus an der Grütznerstraße ging, sind lang vorbei. Insgesamt 52 Episoden in zwei Staffeln entstanden zwischen 1982 und 1989 rings um die Schreinerei in der Widenmayerstraße 2. Kurz nach Ende der Dreharbeiten fiel die Hinterhofidylle der Abrissbirne zum Opfer, da half auch der Protest des großen Volksschauspielers Bayrhammer nichts. Eine Begegnung mit Pumuckl ist trotzdem möglich: Im Luitpoldpark steht am Rand des Spielplatzes eine Steinstele mit einem kleinen Kobold aus Bronze, der – ganz Klabautermann – immer dann Wasser spuckt, wenn es niemand erwartet.

Aus der gleichen Zeit wie der Pumuckl stammt die Fernsehproduktion »Löwengrube«. In 32 Folgen nach einer Idee des BR-Faktotums Willy Purucker entstanden, begleitet der Zuschauer zwei Münchner Familien über einen Zeitraum von gut 60 Jahren. Auch wenn die Kulissen in den Bavaria-Filmstudios als »Münchner Straße« stehen – die Löwengrube ist ein echtes Innenstadtgässchen und die Adresse des Polizeipräsidiums. Dort ging auch »Monaco Franze« Franz Münchinger pro forma seinem Beruf als Kriminalkommissar nach, sofern er nicht auf Damenjagd war. Die Wohnadresse des Stenz' und seines Spatzls lautete Agnesstraße 16 in Schwabing, Klatschreporter Baby Schimmerlos aus »Kir Royal« logierte im Nymphenburger Wappenhaus. Immer wieder setzte Regisseur Helmut Dietl seine Heimatstadt in Szene, ob bei »Kir Royal«, den »Münchner Geschichten« oder »Rossini«, so, als könnten die Filmfiguren nur im speziellen München-(Männer-)Milieu gedeihen – ein Sumpf, den Doris Dörrie, Caroline Link und Katja von Garnier in den 1990er-Jahren weitgehend trockenlegten.

Dauerdrehorte für Serienkrimis sind die Münchner Villenvororte, wenn für »Derrick«, den »Alten« oder »München 7« mal wieder eine Leiche dekorativ im Pool liegen oder den Designerteppich versauen musste. Dafür passiert sonst in Freimanns Straßen an den Isarauen, in Waldtrudering oder Grünwald eher wenig, abgesehen von dem echten Mord am Modeverkäufer Rudolph Moshammer im Januar 2005.

Die jüngeren deutschen Produktionen scheinen etwas breiter aufgestellt. Sie nutzen die schöne Stadt als Komödienkulisse, etwa für »Irren ist männlich«, »Da geht noch was« und »Vaterfreuden«, für historische Stoffe wie bei »Sophie Scholl«, »Das Tagebuch der Anne Frank« und »Der blinde Fleck« oder für Jugendfilme, zum Beispiel »About a girl« oder »Mara und der Feuerbringer« (Führungen zu Filmschauplätzen unter www.drehorte-muenchen.de).

Für einen Großmeister der Branche entwickelte sich München zum Sprungbrett, genauer die »Münchner Lichtfilmkunst«, eine Vorläuferin der Bavaria Filmstudios: Alfred Hitchcock drehte hier 1925 »Irrgarten der Leidenschaft«, sein erstes fertiggestelltes Filmdrama.

24

Föhn:

Die Stadt und ihre beliebteste Schlechtwetterlage

Meteorologisch ist der Fall recht schnell erklärt: Wenn von den Alpen ein warmer Wind in die Münchner Schotterebene bläst, spricht man von Föhn. Manchmal hängt das Phänomen mit Regen auf der Alpensüdseite zusammen, es kann aber auch dadurch entstehen, dass kühle Luft aus größerer Höhe absackt, sich in den Tälern erwärmt und vom Wind Richtung Norden gepustet wird – die Folgen sind dieselben: Am nördlichen Alpenrand steigen die Temperaturen ins jahreszeitlich Unnormale, die böige Luft ist ungewöhnlich klar und die Fernsicht gigantisch. In Freising oder vom Dachauer Schloss aus betrachtet, den ersten natürlichen Aussichtsterrassen, die sich nördlich von München erheben, zeichnen sich hinter der Stadtsilhouette die einzelnen Berggipfel von den Chiemgauer Alpen im Osten bis zum Wetterstein und den Allgäuer Alpen im Westen in aller Deutlichkeit ab. Der Föhn lockt Fotografen nach draußen, denen in der aerosolarmen (also nicht von Schwebteilchen verwaschenen) Luft herrliche Aufnahmen gelingen.

Was diese Bilder nicht zeigen, sind die Auswirkungen in den Köpfen und Gemütern der Münchner. Wenn mitten im

Winter – gern auch um Weihnachten – das Thermometer fast 20 Grad anzeigt, oder wenn ein unnatürlich warmer Wind durch die Straßen weht und einen an den Haarföhn denken lässt, dann leiden viele Menschen unter Kopfschmerzen und Kreislaufproblemen. Noch allgemeiner als das Leiden ist das Jammern, das die meteorologische Tatsache übersieht, dass sich bis München höchstens »Föhneffekte« durchsetzen und es überhaupt nur ein Fünftel dieser Wetterlagen derart weit nach Norden schafft. Auch konnte bisher keine wissenschaftliche Studie den Föhn als Verursacher von Brummschädel und Schlaflosigkeit medizinisch dingfest machen. Von tausend wetterfühligen Münchnern reagiert jeder anders und zu anderen Zeiten, hat die Untersuchung einer Krankenkasse ergeben – viel wichtiger als die Wetterlage scheint die jeweilige Tagesform zu sein.

Aber so genau will es eigentlich niemand wissen. Schließlich würden ohne den warmen Wind ein wunderbares Gesprächsthema fehlen und so herrliche Umschreibungen, wie sie der Schriftsteller Sigi Sommer als Stadtspaziergänger Blasius gefunden hat. Als sei man »mit dem Reibeisen frisiert« schmerze jedes einzelne Haar auf dem Kopf – und inwendig fühle es sich an, als trage man einen 14 Tage alten Kartoffelknödel im Hirn spazieren. Das klingt nicht nach ernst zu nehmender Diagnose und möchte gar nicht logisch sein. Merkwürdig ist auch, dass niemand Föhnklagen von Innsbruckern kennt, obwohl die sich statistisch alle fünf Tage mit dem Phänomen herumschlagen müssen, die Münchner dagegen nur alle paar Wochen. Rationalität greift eben zu kurz, denn die wettermäßige Klarheit in Kombination mit der geistigen Vernebelung gehört einfach zu München wie Frauenkirche und Oktoberfest. Wo sonst gibt es einen derart himmlischen Grund für unterirdisch schlechte Laune?

25

Geburtstag:

Am 14. Juni wird eine echte Frechheit gefeiert

Die meisten Städte sind froh, wenn sie ihr Gründungsjahr wissen – München kennt sogar den offiziellen Tag seiner Geburt, den 14. Juni. Damals sprach Kaiser Friedrich Barbarossa im »Augsburger Schied« dem Ort an der Isar das Marktrecht zu und sanktionierte damit eine echte Frechheit. Angeblich nämlich hatte Friedrichs Cousin Heinrich der Löwe an jener Stelle eine Brücke über den Fluss bauen lassen, um dem Bischof Otto von Freising das Geschäft mit dem Salzhandel zu vermasseln. Der hatte bislang stromabwärts in Oberföhring beim Übergang reichlich kassiert und bekam nun den Schiedsspruch serviert – von seinem eigenen Neffen Friedrich I. Ihm zu Ehren verfasste Otto von Freising gerade eine Biografie, die *Gesta Friderici Imperatoris*; die ersten zwei Bände schrieb der bischöfliche Onkel selbst, danach sind ihm irgendwie Kraft und Lust abhandengekommen. Ganz musste er auf den Zins nicht verzichten. Bis 1852 erhielt Freising ein Drittel der Zolleinnahmen Münchens.

Zum Gründungsmythos des Ortes »apud munichen«, »bei den Mönchen«, gehört auch die Legende, Heinrich habe Ottos Oberföhringer Brücke anzünden lassen. Für diese Version gibt es allerdings keine Beweise, und auch die Erwähnung des Brandes in einer Urkunde 1180 kann nicht herangezogen werden – vielleicht war sie nur der müde Versuch, nachträglich die Geburt Münchens anzufechten. Möglich auch, dass ein anderes verheerendes Feuer den Beteiligten die Sinne vernebelte. 1159 brannten halb Freising und der ganze Domberg samt Kirche ab, ein Inferno, an das bis heute erinnert wird. Diesen Tiefschlag erlebte Bischof Otto allerdings nicht mehr, er starb im September 1158.

Stellt sich nur noch die Frage nach dem richtigen Geburtsjahr der Isarstadt. Hier kursieren zwei Varianten: 1156 oder 1158. Echte Diva, die München ist, macht sie sich gern zwei Jahre jünger. Und obwohl einzelne, schnell eingemeindete Dörfer wie Sendling oder Schwabing schon Jahrhunderte vorher existierten, gilt also als offizieller Beginn von Münchens unaufhaltsamer Karriere: der 14. Juni 1158.

26

Hauptstadt der Bewegung:

Warum ausgerechnet München?

Die Frage, warum ausgerechnet München die »Hauptstadt der Bewegung« war, jener Bewegung nämlich, die Deutschland und fast die ganze Welt ins Verderben stürzte, hat wohl kaum jemand so subtil beantwortet wie Lion Feuchtwanger in seinem Roman *Erfolg*. Er schildert die Atmosphäre Ende der 1920er-Jahre: Der Boden war bereitet, die verunsicherte Gesellschaft schien zu warten auf eine Entschlossenheit, die sich selbst legitimierte, die nicht nach dem Gesetz fragte und nach Gerechtigkeit gleich gar nicht.

Über einen Zeitraum von zehn Jahren trug München den nationalsozialistischen Ehrentitel »Hauptstadt der Bewegung« und war neben Hamburg, Nürnberg, Berlin und Linz eine der Städte, die Hitler im eigenen Sinne komplett umgestalten wollte. In München suchte er für diese Zwecke die Nähe zum Königsplatz, der während der NS-Zeit asphaltiert war, damit die Paraden nicht im Wiesenmatsch versanken. An der Brienner Straße lag das »Braune Haus«, das ehemalige Palais Barlow, die Schaltzentrale der NSDAP seit 1931. Nach der Komplettzerstörung im Krieg blieb die Brache bis 2012 unbebaut. Heute ragt hier weiß und schlicht das NS-Dokumentationszentrum auf, das auf vier Etagen die Rolle zu erklären sucht, die München für Hitler spielte. Im obersten Stockwerk widmet sich die Ausstellung der Frage »Warum München?«, darunter geht es um die Stadt während der NS-Zeit, dann um den Krieg und schließlich im Erdgeschoss um den Umgang mit der Geschichte und das eigene Demokratieverständnis im Hier und Jetzt.

Adolf Hitler lebte seit seiner Entlassung aus dem Lazarett im November 1919 in München. Dort arbeitete er gar als Vertrauensmann des Regiments mit dem linken Ministerpräsidenten Eisner zusammen und sollte seine Reichswehrkameraden in Demokratie schulen. Viel kann Hitler daran nicht gelegen haben, stattdessen denunzierte er, hielt Reden, radikalisierte sich gegen Marxismus und Juden und zog Lehren aus dem Berliner Kapp-Putsch. Vielleicht war Hitler München deshalb so verbunden, weil er die Geschichte seines Aufstiegs mit der Stadt identifizierte. Hier wurde er wahrgenommen als Redner, Politiker und Parteimitglied Nr. 55 der DAP, aus der die NSDAP hervorging. Zwar gab es Niederlagen: die Verurteilung wegen Landfriedensbruchs sowie der unrühmliche Hitlerputsch im November 1923, bei dem der angepeilte Marsch auf Berlin nach nicht mal zwei Kilometern erst vor der Feldherrnhalle und später in der Festung Landsberg endete. Doch Hitler gelang es, Fehlschläge zu Mythen umzudeuten, von »Blutzeugen« statt Blamage zu reden – und alle, die es besser wissen konnten, ließ er ermorden.

Dass München die »Hauptstadt« dieser Bewegung war, hat es sich nicht ausgesucht; aber die meisten Menschen in der Stadt haben den Titel wohl dankend angenommen. Der Großteil der Bevölkerung konnte oder wollte vermutlich nicht so klar sehen wie Lion Feuchtwanger, was da die Vergangenheit verklärte, um in der Zukunft furchtbar aufzusatteln. Am Ende starben bis 1945 bei 74 Luftangriffen auf München mehr als 6600 Menschen. Die Altstadt war zu 90 Prozent, der Rest der Stadt etwa zur Hälfte zerstört. Von den 23000 Quadratmetern Dachfläche der Residenz blieben nur 50 Quadratmeter unversehrt. Das KZ Dachau wurde erst am 29. April 1945 befreit.

27

Haus der Kunst:

Ein Direktor namens Okwui: der Nazibau und sein nigerianischer Chef

So viel Abstand hatte wohl noch kein Direktor am Haus der Kunst: Fast 5000 Kilometer Luftlinie trennen München und Calabar, den Geburtsort von Okwui Enwezor. Seit 2011 ist der Politikwissenschaftler, Philosoph und Kurator-Chef im steingewordenen

NS-Architektur-Albtraum am Südende des Englischen Gartens. Über Stationen in den USA, in Südafrika, Korea und Frankreich gelangte der Nigerianer an die Isar, vom Ministerrat und zur allgemeinen Überraschung der Szene berufen. Eine ausreichende Dosis Entfernung jedenfalls, um unbefangen ans Werk zu gehen und die Neuausrichtung der Kunsthalle voranzutreiben, die sein Vorgänger Chris Dercon angestoßen hatte. Die Geschichte von Hitlers Protztempel ficht den Direktor dabei nicht an: Er wolle sich an der Vergangenheit nicht abarbeiten, hatte Enwezor kurz nach seiner Ernennung zum ersten außereuropäischen Direktor einer deutschen Kunstinstitution gesagt und sich dann einerseits ums Sponsoring bemüht und andererseits um spannende Ausstellungen. Deren Objekte können nur von außen kommen, da das Haus der Kunst über keine eigene Sammlung verfügt – Glück und Handicap gleichermaßen, findet Enzewor. Das Haus mit der monumentalen Breite von 175 Metern Länge und 50 Metern Breite sei »wie eine Landschaft, die bespielt werden will«, sagte der Kurator im SZ-Interview, sie habe »eine Menge Platz und zugleich zu wenig Platz«, etwa an Kommunikations- und Arbeitsbereichen. Das wird sich ändern, denn das Haus der Kunst steckt mitten in der nicht unumstrittenen Sanierung. Eine Archiv-Galerie hat es schon gewonnen, dort ist die Geschichte der Institution aufbereitet und zieht vor allem Besucher aus dem Ausland an. Die programmatische Unabhängigkeit auch gegenüber dem mächtigen Kunsthandel sowie das künstlerische Crossover gehören zu den Leitlinien von Enwezors Arbeit; so träumt der Kurator mit documenta- und Biennale-Erfahrung vom Museum als einer Universalbühne für Werke vieler Sparten. In diese Richtung zielt auch die Ausstellung »Place of Departure« (2017), die Deutschland als Kreuzung vieler Wege und Ausgangsort neuer Ideen zeigt. Überhaupt geht es dem Direktor um künstlerische Entwicklungen, (Gedanken-)Experimente und die gute Mischung von Künstlern jeder Herkunft und jeden Alters – dann könnten auch Besucher begeistert werden. Sie dürfen mit einer Fortsetzung internationaler Ausstellungs-Ideen rechnen: 2016 wurde Okwui Enwezors Vertrag für fünf weitere Jahre verlängert, auch wenn ihm einiger Gegenwind ins Gesicht weht.

»Es gibt nur zwei Städte, in denen man leben kann: Rom und München.«

Henrik Ibsen
(1828–1906)

28

Henriette Adelaide:

Wie eine schöne Italienerin den Süden nach München holte

Anfänglich war die Prinzessin von Savoyen alles andere als begeistert: »Es stimmt, dass der Kurfürst sehr groß ist, aber er hält sich schlecht und trägt den Kopf gesenkt. Eine seiner Schultern ist größer als die andere und er schneidet eine unschöne Grimasse mit dem Mund; diesen hält er ständig offen, und was das Schlimmste ist: Er sieht nichts!« –, so schrieb die kapriziöse Henriette Adelaide nach der ersten Begegnung mit ihrem Ehemann Ferdinand Maria in Kufstein. Eine Ernüchterung ein halbes Jahr nach der Hochzeit, die ohne den Bräutigam 1650 stattgefunden hatte. Beide Ehepartner waren gerade 15 Jahre alt, als sie sich das erste Mal sahen, doch während Henriette Adelaide dem glamourösen Turiner Hof entstammte, ging es in der Residenz bestenfalls bescheiden zu. Der Alltag bot wenig Zerstreuung, man ging früh zu Bett, stand im Morgengrauen auf und verbrachte viel Zeit in der Kirche. Ferdinand Maria fürchtete seine dominante Mutter, die verwitwete Kurfürstin Maria Anna, die sich für Hauswirtschaft interessierte, sogar selbst Käse herstellte und daneben noch Zeit fand, ihrem Sohn in die Ehe und die Regierungsgeschäfte zu pfuschen.

Zudem hätte sich der Münchner Hof eher eine deutsche Prinzessin gewünscht – während Adelaides Mutter Marie Christine eine Verbindung nach Frankreich vorgezogen hätte. Unzufriedenheit auf beiden Seiten also, und mittendrin das junge Paar, das mit Kinderlosigkeit konterte. Das änderte sich erst im November 1660 mit Ankunft der Tochter Maria Anna Christina und vor allem im Juli 1662, als Sohn Max Emanuel auf die Welt kam. Nach seiner Geburt erfüllten die Eltern ein Gelübde und ließen die Theatinerkirche errichten, nach dem Vorbild der römischen Mutterkirche des Theatinerordens. Und auch der Orden selbst, der sich um St. Kajetan kümmerte, war ein Export aus Italien und durchaus als Kritik am jesuitischen Einschlag des bayerischen Katholizismus gemeint.

Überhaupt Italien: In der kurzen Spanne ihrer Lebens- und Regierungszeit holte Henriette Adelaide so viel Süden in den Norden wie möglich. Sie ließ 1653 die erste Oper auf deutschem Boden aufführen, lockerte die Hofsitten und betraute für Schloss Nymphenburg einen italienischen Architekten. Die Kurfürstin holte den Barock und vielleicht sogar die italienischen Momente nach Bayern und war »eine der vollendetsten Fürstinnen der Welt«, so beschrieb es ein Zeitgenosse.

Auch mit ihrem Ferdinand Maria schloss sie Frieden, gerührt von seiner unerschütterlichen Liebe und überzeugt von seinen inneren Werten. Insgesamt acht Kinder hatte das Paar, und als Henriette mit 39 Jahren im März 1676 starb, folgte ihr der Kurfürst nur drei Jahre später. Auslöser ihrer tödlichen Krankheit war der Brand der Residenz vom 9. auf den 10. April 1674. Henriette Adelaide rettete ihre Kinder, gab barfuß im Nachtgewand Anweisungen und bewahrte im Chaos kühlen Kopf – der verantwortliche Obersthofmeister Hermann Egon von Fürstenberg war derweil in Ohnmacht gefallen.

29

Hofbräuhaus:

Warum das Wirtshaus im Dilemma steckt

Der prominenteste Gast im »Hofbräuhaus« am Platzl ist zugleich der unauffälligste und der – aller Besucher aus Fernost ungeachtet – am weitesten gereiste: der Engel Aloisius. Hier sitzt er, so schrieb es Ludwig Thoma, und behält die göttliche Eingebung, die eigentlich für die bayerische Staatsregierung bestimmt war, für sich. Ein ewiger Stammgast also in der »berühmtesten Schankstube der Welt«, als die sich das Wirtshaus in aller Unbescheidenheit selbst bezeichnet. Und genau da liegt das Problem: Das »Hofbräuhaus« steht so fest auf der touristischen Agenda für Bayernbesucher wie sonst nur noch Schloss Neuschwanstein. In Spitzenzeiten sollen sich bis zu 35 000 Menschen täglich durch die Schwemme drängeln und rund 5000 Liter Bier trinken. Ein Massenbetrieb, der pro Jahr einen Umsatz im zweistelligen Millionenbereich erwirtschaftet. Das alles kann nur mehr werden, wenn es Matthias Völkl ins Guinnessbuch der Rekorde schafft. 27 gefüllte Masskrüge hat er hier im September 2016 über 40 Meter getragen und damit die bisherige Bestmarke übertroffen. Vermutlich löst er einen neuen Boom aus in den Filialen in Pittsburgh und Shanghai, in Dubai und Las Vegas. In Nevada steht eine originalgetreue Kopie des »Hofbräuhauses«, und es soll üblich sein, auf den Tischen zu tanzen und volksliedverwandte Musik zu grölen. Das »Hofbräuhaus« ist also auch ein Opfer seines jahrelang schlechten Rufs, einerseits.

Denn andererseits ist es echt München. Über 110 Stammtische gibt es hier, und wer einen der 616 vergitterten Regalplätze ergattert, auf dem er seinen Masskrug einschließen kann, der schätzt sich glücklich. Seit 2004 führen Wolfgang und Michael Sperger das Wirtshaus und arbeiten an seiner Anerkennung als respektable Gaststätte. Die Speisekarte listet nur noch echt bayerische Gerichte, gekocht aus regionalen Zutaten, und wenn hier die Blechblasinstrumente erklingen, dann spielen sie Wirtshausmusik und nicht Musikantenstadl. Nachdem sie über viele Jahre einen Bogen um ihr 400 Jahre altes »Hofbräuhaus« gemacht haben, entdecken es die Münchner nun wieder für sich: besuchen den Biergarten unter Kastanien, treffen sich auf eine Runde Schafkopf oder erfreuen sich an der schönen Gewölbedecke im Festsaal. Dass sie dabei Motiv für fernöstliche Fotoalben stehen – ja mei!

30

Innenhöfe:

Orte zum Staunen und Verweilen

Paradox – aber einen Hinweis auf die besonderen inneren Werte von Münchner Gebäuden scheint ihr unauffälliges Äußeres zu geben. An der Alten Münze etwa könnte man glatt vorbeigehen, zumal auch die Passantenströme meist in Richtung Platzl abbiegen. Hinter der klassizistisch-schlichten Fassade aber verbirgt sich seit 1565 schönste Renaissance oder zumindest die deutsche Imitation der italienischen Baukunst. Denn statt Ebenmaß beansprucht in den drei Arakadenreihen um das Atrium der Pragmatismus sein Recht, und die Geschosshöhe variiert nach Bedarf: Unten der geräumige Marstall, darüber sah Herzog Albrecht V. kleinere Wirtschaftsräume vor, um oben Platz zu behalten für das Herz des Ganzen, die Kunst- und Wunderkammer. Etwa 6000 Stücke soll Albrechts Sammlung umfasst haben, bevor sie 1632 die Schweden durchkämmten und sich für die Verschonung der Stadt entschädigten. Später zog die Königliche Münze ein, heute lässt sich das Amt für Denkmalschutz vom Genius Loci inspirieren. Der Innenhof ist für die Allgemeinheit geöffnet und Schauplatz sommerlicher Freiluftaufführungen der Bayerischen Theaterakademie.

Zeitgleich mit Albrechts Arkaden entstand der heute so genannte Eilles-Hof am Max-Joseph-Platz. Als einer der letzten erhaltenen Laubenhöfe jener Zeit ist er so klein, dass es gerade nur zum Staunen reicht – dafür entfaltet sich in den zehn Höfen der Residenz schräg gegenüber kurfürstlich-königliche Pracht, vor allem im Brunnen-, Kaiser- und Grottenhof. Diesen Wechsel zwischen Höfen und Gängen, wie ihn die Residenz zeigt, spiegelt auch die Einkaufspassage Fünf Höfe an der Theatinerstraße wider und lässt den Besucher in milder Orientierungslosigkeit zurück. Er gelangt unter hängenden Gärten und funkelnden Pailletten hindurch zum Viscardihof, den Ólafur Elíassons Spiralkugel beinahe komplett und ein wenig klaustrophobisch ausfüllt.

In den Hof des Bayerischen Staatsministeriums scheint dagegen direkt der Himmel zu fallen. Hier stand Leo von Klenzes Odeon, ein klassizistisches Konzerthaus mit 1500 Plätzen und ausgezeichneter Akustik, das Weltkriegsbomben 1944 in Schutt und Asche legten. Die Fassade stellte der Wiederaufbau-Architekt Josef Wiedemann wieder her, im Inneren ist die ehemalige Funktion noch ablesbar, auch wenn die hohen Säulen heute nichts mehr stützen. Denn das Glasdach, das seit 2007 den

400 Quadratmeter großen Innenhof zudeckt, stützt eine flache Stabgitterschale – nichts lässt seine illuminierbare Schönheit von außen ahnen. Führungen durch ihr Herzstück arrangiert das BStMI direkt. Auch der Luitpoldblock, das Geschäftshaus an der Brienner Straße, verhüllt seinen inneren Reichtum hinter einer klassizistischen Front. 1989 entstand unter einer zwölf Meter hohen Glaskuppel der Palmengarten. Zur Eröffnung spielten Helmut Zacharias, Max Greger und Hugo Strasser das erste und einzige Mal als Trio.

Für den Innenhof der Glyptothek stimmt die These von der unscheinbaren Fassade allerdings ebenso wenig wie für das Bayerische Nationalmuseum. Äußerlich angelehnt an die Schlösser der Loire, hat Gabriel von Seidl, der Baumeister der Prinzregentenzeit, dort die Innenarchitektur der riesigen Sammlung angepasst – vom Mittelalter bis zum Jugendstil reichen die formvollendeten Rahmen für die Wittelsbacher Besitztümer und andere europäische Kulturgüter. Links vom Haupteingang, geschützt von viel Grün, liegt der neu gestaltete Garten mit Restaurant, Wasserbassin und einem Narziss, der nur Augen für sich hat. Der Arme!

31

Innereien:

Über innere Werte

Vegetarier, aufgepasst! Wenn in München von inneren Werten die Rede ist, können durchaus Kalbskopf, Kutteln und Entenzungen gemeint sein. Die standen schon immer auf den Speisezetteln der Einwohner, vor allem in der Armeleuteküche. Vor 60 Jahren habe eben jeder noch eine Sau im Hof gehalten, meint Anette

Huber, Chefin im Restaurant »Le Stollberg«, und die habe man nach dem Schlachten vollständig verzehrt. In den 1950er-Jahren nahm der Deutsche statistisch ein Kilo Innereien zu sich, in Bayern vermutlich mehr. Bis Mitte der 90er-Jahre sank der Verzehr auf 100 Gramm – eine Folge von Rinderwahn und anderen Skandalen. Doch neuerdings sind die fettarmen und vitaminreichen Organe Teil eines Retrotrends bei Feinschmeckern. In feiner Qualität und am liebsten selbst geschlachtet bringt sie Jürgen Lochbihler vom »Pschorr« am Viktualienmarkt auf den Wirtshaustisch –, die experimentierfreudige Stammkundschaft ist jedes Mal gespannt. Und auch das »Weiße Brauhaus« im Tal schreibt »Spezialitäten aus der Kronfleischküche« auf die Speisekarte.

32

Innovationen:

Von Fontänen, Brühwürfeln & Oberlichtern

Auch wenn die politische Vorlage steil scheint: München ist nicht erst ein Nährboden für Erfindungen, seit die CSU Bayern regiert (Wirtschaftsmetropole). Die Liste der Erfinder, die in der Residenzstadt wirkten, ist lang. Bereits die Wittelsbacher förderten die Wissenschaft, wo sie finanziell konnten und intellektuell auffassten, was da an Neuem entstand. Zum Beispiel Max IV. Joseph, den Joseph Freiherr von Baader (1763–1835) überzeugte, die Fontäne im Schlosspark Nymphenburg mit der neuesten Saug- und Hebetechnik auszurüsten. Seit 1803 beziehungsweise 1808 sind die

Pumpen am damals stärksten Wasserstrahl Europas permanent im Einsatz – heute die wahrscheinlich ältesten laufenden Maschinen der Welt und im Brunnhaus zu bewundern. Auch ein Tretboot und ein Unterseeboot für zwei Passagiere entwarf der Ingenieur und Eisenbahnpionier Baader, seiner Zeit sehr weit voraus.

Justus von Liebigs (1803–1873) Erfindungen dagegen fehlen heute in keinem Haushalt: Der Chemieprofessor und Begründer der Agro- und der Organischen Chemie stellte erstmalig Säuglingsnahrung und Backpulver her und presste Fleischextrakt zum Brühwürfel. Dienten Liebigs Pulver den Armen und Schwachen zur Stärkung, arbeitete Max von Pettenkofer an der Abwehr von Krankheiten, indem er in München einerseits eine Kanalisation installierte und andererseits die Versorgung mit sauberem Trinkwasser sicherstellte. In die Zeit seines Wirkens fällt auch die erste Fernübertragung von elektrischem Strom über die 57 Kilometer lange Strecke von Miesbach nach München: Erdacht hat sie Oskar von Miller, der Gründer des Deutschen Museums. Wie ein Technikgedächtnis hütet dieses Museum zahlreiche Erfindungen, darunter das erste Projektionsplanetarium der Firma Carl Zeiss; Joseph von Fraunhofer hätte seine reine Freude daran gehabt. Der geniale Fernrohr- und Spektroskopbauer starb beinahe genau hundert Jahre vor der Museumseröffnung in München.

Hier entstand ein Vorläufer des heutigen Fotokopierers, das erste Oberlicht in einem Museum und die Bayerische Staatsbibliothek als eine der modernsten Büchereien der Welt mit einem umfangreichen digitalen Angebot. In Giesing erblickte »Mensch ärgere dich nicht« anno 1907 das Licht der Spieltische, und die MP3 trat vom Fraunhofer Institut aus ihren Siegeszug an – bald übertroffen von der Speicherchip-Technologie, für die der Name der Firma Infineon steht. Ihr Sitz: Neubiberg bei München

33

Isar:

Wo der Wildfluss rauscht

Alle deutschen Metropolen haben Gewässer, in denen sich ihre Schönheit spiegelt: Berlin die Spree, Hamburg die Alster, Köln den Rhein, Frankfurt den Main. Die Isar eignet sich nicht so gut zum Spiegeln, dafür ist sie zu grün und zu wild, zumindest in ihrem südlichen Teil bis zur Kohleninsel, auf der das Deutsche Museum steht. Aber wo gibt es das sonst: einen Wildfluss mit Badequalität, der eine Millionenstadt durchfließt?

Die heute so ungetrübte Sicht auf die Isar (das keltische Wort »isaria« bedeutet reißend) ist vergleichsweise neu. Über Jahrhunderte rangen die Menschen mit dem Strom, nutzten ihn fürs Flößen und fürchteten seine Launen. Bis weit ins 20. Jahrhundert galt jeder Stein, der die Ufer befestigte, als Sieg des Fortschritts über die ungebändigte Natur. Dann dämmerte den Stadtplanern, dass da jede Menge Freizeitwert im Beton steckte. Die Idee der Renaturierung fand Freunde und Finanziers im Freistaat Bayern und der Stadt: Zwischen 2000 und 2011 wurden das Flussbett erweitert, 710 000 Kubikmeter Erde bewegt, 290 000 Kubikmeter Kies umgelagert und mehr als 35 Millionen Euro investiert – damit die Isar auf den acht Kilometern zwischen dem Großhesseloher Wehr und der Ludwigsbrücke wieder so fließen kann, wie sie es seit dem Ende der Würmeiszeit bis in die Frühe Neuzeit getan hatte: frei.

Wie die etwa 25 Kilometer vor Thalkirchen aussehen, vermittelt eine Floßfahrt ab Wolfratshausen spritzig und auch fröhlich – vermutlich gibt es kaum einen Münchner Angestellten, der noch keinen Betriebsausflug auf der Isar unternommen hat.

Der nicht schiffbare und mit 15 bis 20 Stundenkilometern eilige Fluss entspringt im Karwendel, fließt zielstrebig nach Nordosten und mündet südlich von Deggendorf in die Donau. Über 14 Kilometer durchströmt die Isar Münchner Stadtgebiet und ist an vielen Stellen zum Baden freigegeben. Naturgeschützte Bereiche bleiben natürlich ausgespart, wie etwa die Fischtreppe am Flaucher, die junge Eltern schon mal als Kleinkinderbecken zweckentfremden. Um solche Missverständnisse künftig auszuräumen, liegen 150000 Euro für neue Schilder bereit; zusätzlich zu den 530 Hinweisen, die bereits jetzt herumstehen und sich hauptsächlich um die Müllentsorgung drehen. Denn die ist neben den Grillschwaden und der Lärmentwicklung eines der weniger angenehmen Isar-Themen. Wer nicht selbst mitmischt, trägt es am besten mit Gelassenheit – so wie die Stadt, die nach schönen Sommerwochenenden bis zu vier Tonnen Abfälle entsorgen muss.

Nur am 13. September hüten sich Abergläubische vor dem Alpenfluss: Da trat die Isar schon zweimal über die Ufer. Das erste Mal 1813, kaum war die Ludwigsbrücke fertiggestellt. Voller Zuversicht, dass ihre steinernen Pfeiler halten, hatte sich eine Traube von Schaulustigen gebildet, um zuzusehen, wie die Gaststätte »Kaiserwirt« ein Raub der Fluten wurde. Auch eine vorbeiziehende Totengräberin, die raunte: »Schaugt's auf, der Tod kummt!«, konnte die Menge nicht zerstreuen. Nur Minuten später brach der östliche Pfeiler, die Brücke stürzte ein, und mehr als hundert Menschen starben. Am gleichen Tag stellte sich 86 Jahre später ein weiteres Jahrhunderthochwasser ein. Fast 1300 Kubikmeter Wasser in der Sekunde donnerten die Isar hinab und rissen die Max-Joseph- und die Luitpoldbrücke mit. Die Hochwasser von 2005 und 2013 konnten der Stadt dagegen nichts anhaben: Da stellte die Renaturierung schon unter Beweis, dass sie München nicht nur schöner, sondern auch sicherer gemacht hat.

34

Italienische Momente:

Dolce Vita im Ristorante bei Luigi

Bestimmt fällt es München leichter als beispielsweise Oer-Erkenschwick für sich zu beanspruchen, Italien näher zu sein als jede andere deutsche Stadt – nicht nur geografisch und meteorologisch, sondern auch optisch und lifestylemäßig. Die italienische Lässigkeit zeigt sich an mehreren Stellen, teils unabsichtlich, meist aber gewollt. Etwa auf den Straßen, durch die ganze Kolonnen von Uralt-Vespas knattern, die – nur stilecht ohne Rückspiegel – in puncto Verkehrstauglichkeit eine Katastrophe sind und einen ökologischen Fußabdruck der Größe 48,5 hinterlassen.

Manchmal stellt sich dem südlichen Lebensgefühl deutscher Gesetzestext in den Weg: Die Freischankflächenverordnung etwa verhindert von September bis Mai und von Sonntag bis Donnerstag, dass nach 23 Uhr der Betrieb draußen vor einem Lokal stattfindet.

Die italienischen Eisverkäufer haben sich dagegen freiwillig den nördlichen Normen angepasst, und statt großzügig Eisberge aufzuspachteln, rollen sie lieber kleine Kugeln – das bedeutet zwar einen Verlust an Dramaturgie (kein Mischen! kein Aufklatschen! kein Türmen!), spart an Bedarfsknotenpunkten aber Zeit. Da haben es Eisdielen an weniger frequentierter Stelle besser: etwa das »Il Gelato Italiano« am Weißenburger Platz in Haidhausen oder das »Ballabeni« in der Theresienstraße/Maxvorstadt.

Grundsätzlich profitiert München kulinarisch von der geografischen Nähe zum Süden: am Sendlinger Großmarkt beispielsweise, dessen Waren schon 1929 zu fast 70 Prozent aus Italien kamen. Oder durch die beachtliche Anzahl von mehr als 300 italienischen Speiselokalen im Stadtgebiet, darunter das »beste italienische Restaurant außerhalb Italiens«, das »Acquarello« in Bogenhausen. Von Südtirol bis Apulien reicht die Auswahl, und oft ist das Ambiente ganz zauberhaft – »L'Osteria« im Künstlerhaus, das ultracoole »Destina« in der Maximilianstraße oder das »Vinpasa« in Schwabing sind Beispiele. Selbst verschlafene Stadtteile wie Waldtrudering haben mit dem »Il Cortile« an der Wasserburger Landstraße ein Spitzenlokal.

Leicht gelingt auch der Architektur die südliche Anmutung – und über den Ideen-Raubzug in Florenz regt sich heute niemand mehr auf. Der fiel ganz beträchtlich aus: So nimmt der Erweiterungsbau der Residenz Anleihe beim Palazzo Pitti, die ehemalige Post am Max-Joseph-Platz beim Florentiner Findelhaus und die Feldherrnhalle bei der Loggia dei Lanzi. In Auftrag gegeben hat alles Ludwig I., der sich mit dem italienischen Virus 1823 in Palermo ansteckte und die dortige Palastkapelle klonen ließ. Als Allerheiligen-Hofkirche der Residenz entstand sie als erster Sakralbau Bayerns nach der Säkularisation.

Zurück zu den Italienern aus Fleisch und Blut: Zu keiner Zeit ist Münchens Italienerdichte so hoch wie am zweiten Oktoberfest-Wochenende. Bis zu 200 000 kommen dann zur Festa della birra, verkeilen die Kreuzungen mit ihren Wohnwagen und verhalten sich vergleichsweise unauffällig. Und die rund 22 000 Italiener, die dauerhaft in München leben? Sie freuen sich, sofern sie in Restaurants arbeiten, am Münchner Preisniveau und genießen die Momente, in denen sich Himmel, Umgebungstemperatur und Stimmung der Heimat angleichen. Dann betrachten sie die deutschen Annäherungsversuche mit milder Toleranz und denken sich: Wenn schon Deutschland, dann wenigstens »Monaco«.

35

Jugendstil:

Wenn Dekoration wilde Blüten treibt

München war nicht Brüssel und der Prinzregent kein Modernist – zudem zur vorletzten Jahrhundertwende zu alt, um sich für den Jugendstil zu erwärmen. Dennoch gibt es in der Stadt an etlichen Stellen Bau- und Fassadenkunst, die sich vegetativ verschlingt, die feine Muster und mythische Gestalten bildet. Vor allem in Schwabing lohnt es sich, an den Häusern hinauf zu blicken, etwa zu den bunten Ranken und grimmigen Medaillons am Ainmillerhaus oder entlang der Franz-Joseph-Straße. Genug Perspektive bietet auch die Münchner Freiheit, wo sich zwischen dem futuristischen Busbahnhof und dem herrlichen Dülferhaus (in dem die Volkssängerin Bally Prell wohnte) die Leopoldstraße breitmacht.

Martin Dülfer war einer der produktivsten Architekten des Münchner Jugendstils. Von ihm sind die Villa Bechtolsheim in Bogenhausen, das vermutlich älteste Art-Nouveau-Gebäude Deutschlands (1896–1898) mit seinem ovalen Turm; Wohnhäuser in der Gedon-, der Schelling- und der Adalbertstraße und sogar der einstige Firmensitz der Verlagsanstalt F. Bruckmann in Neuhausen, der den Krieg nicht überstand. Beinahe ohne Schäden hingegen kam die Erlöserkirche davon, die älteste evangelische Kirche Schwabings, errichtet von Theodor Fischer um die Jahrhundertwende. Der Baumeister hat an vielen Stellen Spuren hinterlassen, beispielsweise an der Luitpold- und der Gebsattelbrücke in der Au oder beim Tempelchen des Marionettentheaters.

Einen Blütenblätterwurf vom Theater entfernt liegt die Hauptfeuerwache, ein Werk Carl von Hocheders. Mit seinem Namen verbindet sich vor allem ein echtes Münchner Jugendstiljuwel: das Müllersche Volksbad, ein Geschenk an die einfache Bevölkerung, gestiftet vom Ingenieur Karl Müller, der sozialreformerischen Ideen anhing. Er ließ aus Hygienegründen bauen und hat dabei an nichts gespart, nicht an dem »Herrenbad« für Schwimmer und dem wärmeren »Damenbad«, weder an einem römisch-irischen Schwitzbad noch an den hölzernen Kabinen, nicht an Dekor und Wasserspeiern. Kassenhäuschen und Café wirken, als seien sie in Wien ausgeliehen – was natürlich auch am Schriftzug liegt. Den prägte die in München erscheinende Zeitschrift *Jugend*, die zwar nicht so bissig wie der *Simplicissimus* war, dafür aber hoch ästhetisch und im Wortsinne stilbildend.

Das wichtigste Gebäude dieser Zeit aber sind die Kammerspiele, die 1901 als Schauspielhaus entstanden. Der Stadt- und Bühnenarchitekt Max Littmann, Erbauer des Prinzregententheaters, gestaltete die Hülle des einzigen erhaltenen Jugendstiltheaters Deutschlands, der Künstler Richard Riemerschmid übernahm den Innenausbau. Überall findet man perfekte Ovale, schöne Rundungen, schmale Rahmen, elegante Handläufe – die Form ist schlicht und liebevoll bis ins Detail. Unter der Decke, die das Himmelsgewölbe nachzuahmen sucht, entwickelt sich eine gute Akustik für die 727 Zuschauer. 1926 zogen unter dem Intendanten Otto Falckenberg die Kammerspiele ein. Ein Gesamtkunstwerk im Jugendstil bietet auch die Villa Stuck an der Prinzregentenstraße. Sie atmet in jedem Winkel einerseits Ornament und Muster, andererseits Bedeutungsschwere und Geheimnis, als gebe sie ein Gleichnis auf ihre Entstehungszeit – aber vielleicht ist dieser Gedanke auch zu verschlungen.

*

»Vom Ernst des
Lebens halb
verschont ist
der schon,
der in München
wohnt.«

Eugen Roth
(1895–1976)

36

Kabelsteg:

Strom übberm Strom

Mit ein wenig Fantasie sieht es aus wie eine Girlande aufgehender Sonnen, was der Schatten des Jugendstilgeländers auf den Kabelsteg malt. Fein gearbeitet ist die Brüstung der Fußgängerbrücke, die in leichtem Schwung die kleine Isar überwindet (den Bogen von der Praterinsel über die große Isar schlägt dann die Mariannenbrücke). Ihren Namen hat eine der ersten Eisenbetonbrücken von den Kabeln, die in der Brückenplatte vom Muffatwerk am Ostufer auf die Westseite geführt wurden, um die Trambahnen der Innenstadt mit Strom zu versorgen. Die Architekten, zwei städtische Baubeamte, mussten sich den Vorwurf gefallen lassen, mit der Isarregulierung und dem Brückenbau den letzten Eisvogel aus dem Stadtgebiet vertrieben zu haben – ein schönes Zeugnis von frühem Umweltengagement. Die Konstruktion ist den Baumeistern allerdings sehr gut gelungen, denn schon ein Jahr nach seiner Fertigstellung 1898 überstand der Kabelsteg das Jahrhunderthochwasser am 13./14. September 1899, dem die Max-Josephs- und die Luitpoldbrücke zum Opfer fielen. Vielleicht war es die Idee mit dem ellipsenförmigen Mauerdurchbruch über dem Pfeiler, die das schlanke Jugendstilgewächs rettete.

Seit 2010 steht der 76 Meter lange Kabelsteg im Mittelpunkt eines Straßenfestes zwischen Ludwig- und Maximilianbrücke: Das Isarinselfest findet am ersten Septemberwochenende statt und lockte zuletzt 180 000 Besucher ans Wasser.

37

Käfer:

Von der Imbissbar zum Delikatessen-Imperium

Zum Abschied gab es Hummer, gebratenes Tatar mit Kartoffelschnee und Kaviar sowie Rote Grütze Sylter Art – das hätte Gerd Käfer auch geschmeckt. Aber dieser Genuss blieb dem Münchner Großgastronomen verwehrt, schließlich handelte es sich um sein Totenmahl, serviert an einem sonnigen Maitag 2015. Das Event, wenn man so sagen darf, passte irgendwie zu Gerd Käfer: Beinahe die komplette Münchner Wirte-Szene, darunter auch treue Freunde, waren versammelt; alte Bekannte, von denen viele irgendwann, irgendwie berühmt waren, Mitarbeiter, Schaulustige und vielleicht der eine oder andere arme Mitbürger, für den der alte Käfer mal in der Staatsoper die Tische decken ließ. Im Mittelpunkt: sein Sarg in einem Meer von orangefarbenen Rosen, getragen von den Filser-Buam, einem beinahe bierernsten Traditionswahrungstrupp mit »Ehrenfilsern« aus Politik und TV. Das alles spielte sich zwischen Allerheiligen-Hofkirche und Ostgiesing ab, also dem ursprünglich eng umrissenen Karrée von Käfers ungewöhnlicher Karriere.

Sein Leben stand quasi von Geburt an im Zeichen der Feinkost. Kurz nachdem er 1932 auf die Welt kam, eröffneten die Eltern eine »Imbißbar« an der Schumannstraße/Ecke Prinzregentenstraße, bis heute der Stammsitz von Geschäft und »Käfer-Schenke«, schon bald unter dem allseits bekannten Schriftzug. Ende der 1950er-Jahre erkannte der Junior die Zeichen der Zeit: Die Münchner wurden reich und rund und ließen sich den Genuss und vor allem den Renommée-Gewinn etwas kosten. Käfer lieferte die Delikatessen direkt ins Haus, inklusive der Dienstleistung. Clou Nummer zwei: die Bewirtschaftung verrückter Locations (Kuhställe, Treppenhäuser, der Kreml) und großer Häuser. Das fing mit dem Prinzregententheater auf der anderen Straßenseite an und ging über das Nationaltheater und die Messe München bis zum Deutschen Bundestag in Berlin. Überall dort, wo es feine und kostspielige Kanapees und Getränke gab, stand »Käfer« drauf und drüber. Daran verdient seit 1992 in erster Linie Sohn Michael, nach einem ordentlichen Familienkrach alleiniger Geschäftsführer und seinerseits findig. Er entdeckte neue Spielwiesen fürs Edelinsekt: das Nachtleben (als Partner im legendären Club »P1«), das Merchandising, neue Restaurants am Münchner Flughafen, in Fernost, in der BMW-Welt und am Tegernsee.

Derweil trieb Vater Gerd, was ihm Spaß machte. Er steuerte einen Mercedes mit Flügeln, trat im Zirkus Roncalli als Clown auf und erfand die »Scharfen Möpse«, Fruchtgummis mit Ingwer-Zitronen-Geschmack, die auch Gummibärchenverächter lieben und Menschen, die nicht drei Euro mehr für die Kaffeebohne zahlen, nur weil sie von Käfer kommt. Doch egal, wie sie zum schillernden Wirt und seiner Party-Penetranz stehen – ein Stück Käfer dürfte beinahe jeder Münchner im Schrank haben: Die großen Tassen, Haferl, vom Oktoberfest, die jedes Jahr ein neues Motiv schmückt. Dort hat »der Käfer« auch ein Zelt, in dem der einzige genießbare Kaffee auf der Wiesn ausgeschenkt wird.

38

Kinos:

Es gibt sie noch: rote Plüschsessel und gemalte Plakate

Die Frage nach Klasse oder Masse stellt sich den Münchner Kinobesuchern nicht erst mit der Filmwahl, sondern schon bei der Suche des passenden Lichtspielhauses. Wählen sie den Cinestar- oder Multiplex-Tempel mit Sitzplätzen für eine halbe Kleinstadt oder entscheiden sie sich für ein bescheidenes Filmtheater – mit überschaubarem Softdrinksortiment, aber so viel Atmosphäre, dass die Verzauberung schon vor der Kinokasse anfängt.

Die derzeit 44 Münchner Kinos lassen sich in mindestens vier Kategorien einteilen: die Riesenhäuser, etwa das Mathäser in Stachusnähe oder das Cinemaxx am Isartorplatz, die kleineren Mainstreambediener und Peripheriekinos, die anspruchsvollen Programmtheater und die stilvollen Allrounder. Hier soll es vor allem um den vierten Typus gehen, um den besonderen Rahmen für den Filmabend. Den liefert seit mehr als 110 Jahren das Gabriel Filmtheater in der Dachauer Straße, ab 1906/1907 in Betrieb und damit das vermutlich älteste durchgehend bespielte Kino der

Welt. Im Großen Haus und im Kleinen Haus, dem früheren Balkon, finden zusammen knapp 300 Personen Platz. Enstand das Gabriel aus einer umgebauten Gaststätte, gilt das Filmtheater am Sendlinger Tor als erster Kinoneubau Münchens. Die Familienfirma Heilmann-Littmann, Architekten vom neuen »Hofbräuhaus«, vom Prinzregententheater und dem »Hotel Vier Jahreszeiten«, errichteten am alten Stadttor den ersten Stahlbetonbau Münchens. Initiator war wieder der »Großschau-Unternehmer« Carl Gabriel (1857–1931), der zur Eröffnung am 18. Oktober 1913 Presse und Prominenz auf 680 Samtsessel einlud. Bis heute leistet sich das vielleicht schönste Innenstadtkino den Luxus gemalter Plakate. Und noch für ein drittes Kino in München reichte die Energie Carl Gabriels: In der Au, zwischen Deutschem Museum und Gasteig, stehen die Museum Lichtspiele. Ab 1910 betrieben, liegen sie knapp auf Platz zwei der ältesten Münchner Kinos, dafür aber läuft hier die *Rocky Horror Picture Show* seit 1977 in Dauerschleife. Die anderen Säle zeigen Arthouse-Produktionen, Kinderfilme und Originalfassungen.

Dem cineastischen Anachronismus huldigt auch das ein oder andere Stadtteilpalästchen: So spiegelt das Arena Filmtheater mit Münchens kleinstem Vorführraum die Vorlieben der Glockenbachviertelbewohner wider, und das Neue Rex versorgt Laim mit guter Kinokost.

Eine schöne Ausnahme der eher traurigen Umlandkinos ist das Schloss Seefeld. Auf seine Breitwand kommen auch, aber nicht nur anspruchsvolle Streifen, unter anderem im Rahmen des Fünf Seen Filmfestivals. Mehr als hundert Produktionen zeigt das Event in und um Starnberger See und Ammersee, Wörth-, Pilsen- und Weßlinger See immer Ende Juli/Anfang August. Eine Nummer größer – auch in puncto Chichi und Kommerz – ist das Filmfest München, das seit 1983 in der letzten Juniwoche stattfindet. Hier lässt sich reichlich Prominenz bestaunen, auf der Leinwand und dem roten Teppich, beispielsweise auch vor den Kinosälen der nagelneuen Hochschule für Fernsehen und Film. Holzklasse wählen dagegen die Besucher des Kurzfilmfestivals Bunter Hund im Werkstattkino – inhaltlich und formal weiter weg von Multiplex geht nicht!

39

Kocherlball:

Polka frühmorgens im Park

Wenn sich in aller Herrgottsfrüh am Julisonntag die Paare unter Kastanien drehen, manche in Tracht, manche in historische Gewänder gehüllt, dann könnte man fast von der guten alten Zeit schwärmen – müsste aber übersehen, dass es sich ursprünglich um eine proletarische Veranstaltung handelte, die dem Terminkalender der feineren Gesellschaft abgerungen war: Denn zum Kocherlball trafen sich die Hausangestellten am frühesten Sonntagmorgen, wenn ihre Herrschaft entweder noch nicht aufgestanden war oder in der Kirche saß und dem Gesinde knapp bemessene Zeit fürs eigene Vergnügen ließ. Bis zu 8000 Mägde und Diener, Soldaten, Gärtner und Köchinnen sollen im späten 19. Jahrhundert um 6 Uhr morgens zum Chinesischen Turm gekommen sein, um Walzer, Polka und die »Münchner Française« zu tanzen und vielleicht die Frau oder den Mann fürs Leben kennenzulernen. Heute sind es fast doppelt so viele, nicht wenige üben zuvor die Schritte in einem Tanzkurs und erscheinen bereits vor 4 Uhr in der Früh, bewaffnet mit Thermoskanne und Kühltruhe, um gute Plätze zu ergattern.

Was bei seiner Wiedererweckung 1989 vielleicht als Marketinggag gedacht war, gilt heute als größte Tanzveranstaltung Münchens mit gepflegtem Gaudifaktor; einmal im Jahr am dritten Julisonntag, bei Regen am vierten. Wie das Leben sonst so war als Dienstmagd in der »guten alten Zeit«, steht bei Lena Christ (1881–1920), die ganz in der Nähe des Englischen Gartens schuften musste, in den *Erinnerungen einer Überflüssigen.*

40

Kunstareal:

Maximale Vielfalt, Schönheit und Wertschöpfung, Tür an Tür

Wenn es, rein wertmäßig, so etwas wie ein Goldenes Dreieck in München gibt, dann ist es das Kunstareal. Auf 66 Hektar Fläche stehen – in der zeitlichen Reihenfolge ihrer Erbauung – die Glyptothek, die Alte Pinakothek, die Staatliche Antikensammlung, das Lenbachhaus, die Neue Pinakothek, die Pinakothek der Moderne, das Museum Brandhorst und die Ägyptische Staatssammlung. Eine Kunstballung, wie sie wohl in kaum einer anderen Stadt zu finden ist, auch die Berliner Museumsinsel reicht nicht ganz heran. Im Bezirk stehen unter anderem das älteste datierbare Glasgefäß der Welt von Thutmosis III. (Ägyptische Sammlung), das älteste öffentliche Museum der Stadt (Glyptothek) und das älteste Designmuseum der Welt (die ab 1907 aufgebaute Neue Sammlung in der Pinakothek der Moderne) – aber auch eines der umstrittensten Werke der Kunstgeschichte (Joseph Beuys' »Zeige deine Wunde« im Lenbachhaus), die modernste Beleuchtung (ehedem Alte Pinakothek, heute Lenbachhaus) und das am besten gehütete Gemälde der Welt: Albrecht Dürers »Selbstbildnis im Pelzrock« wollte die Alte Pinakothek 2012 noch nicht einmal Nürnberg, der Heimatstadt der Meisters, ausleihen.

Die Werke im Kunstareal reichen von prädynastischem Schaffen im Alten Ägypten bis zu Damien Hirst (im Museum Brandhorst), von altgriechischen Skulpturen bis zum Industrial Design, von blauen Pferden bis zu armen Poeten.

Die Liste ließe sich beinahe endlos fortsetzen – wenn auch nicht beliebig, denn die Sammler und Einkäufer der Museen verfüg(t)en über einen meist erlesenen Geschmack und eine gut gefüllte Kasse. Oder München hatte einfach Glück: zum Beispiel mit dem Vermächtnis Gabriele Münters, die ihre wertvollen Kandinsky- und Blaue-Reiter-Bestände dem Lenbachhaus schenkte, oder mit der Stiftung Theo Wormlands, der ein Faible für Surrealisten hatte.

So interessant wie die Inhalte sind die Formen: An den verschiedenen Gebäuden lassen sich die Architekturmoden ihrer Zeit ablesen. Der von Gottkönig Ludwig gewollte Klassizismus Leo von Klenzes, die Italianità Franz von Lenbachs, die postmoderne Neue Pinakothek Alexander von Brancas oder die modernen Kunsthäuser der letzten 15 Jahre (Moderne Architektur). Wer häufiger in Münchner Museen geht, findet seine Lieblingsplätze, zum Beispiel das fantastische Treppenhaus, das Hans Döllgast nach den Kriegszerstörungen auf die Südseite der Alten Pinakothek verlegte, oder die Rotunde von Stephan Braunfels' Pinakothek der Moderne. Der Wert des Kunstareals geht also gegen unendlich – gar nicht eingerechnet das Gefühl, sich im Umkreis derartiger Schätze der Menschheit zu bewegen.

41

Liedermacher:

Der unermüdliche Konstantin Wecker und Konsorten

Ja, gibt's den aa no! Der Liedermacher Konstantin Wecker, Jahrgang 1947 und ein Kind des Lehels, mischt in der Musikszene mit, seit viele Münchner denken können. Als Altmeister der Authentizität wechselt er die Leben und Schauplätze wie andere Leute die Unterhemden: Einst galt Wecker als dauerbedröhnt, heute hat er einen Lehrauftrag an der Universität Würzburg, er wurde zu einer Bewährungsstrafe verurteilt und als Bundespräsidenten-Kandidat vorgeschlagen. Wecker engagiert sich gegen Neonazis und für den Naturschutz, er spielte bei Sexfilmchen mit und schreibt Bücher, er komponierte Musicals, Filmmusiken und einen Song für die Münchner Löwen und trat zu Zeiten Saddam Husseins im Irak auf. In mehr als 40 Jahren Bühnenpräsenz sang er mit Mercedes Sosa und Pippo Pollina, mit Hannes Wader und Joan Baez, mit dem Opernstar Angelika Kirchschlager und dem Klezmer-Musiker Daniel Kahn. Man kann ihn lieben oder nicht leiden – kalt lässt Konstantin Wecker keinen.

Ganz so tief spaltet Michael Fitz (geb. 1958) die Gemüter wohl nicht. Der Musiker und Schauspieler aus uraltem Münchner Künstler-Adel (Lisa Fitz, Gerd Fitz, Florian David Fitz) singt er zwischen Juist und Immenstadt unerschrocken bairisch meist über persönliche Themen, 14 CDs sind schon voll. Auf die bringt es Willy Astor auch – 1961 im Problemviertel Hasenbergl geboren, machte der Autodidakt erst eine solide Lehre bei BMW, bevor er sich aufs Wortspielschmieden verlegte und die Kombination Kabarett und gekonnte Musik salonfähig machte. Das Prinzip funktioniert auch beim Bairisch Diatonischen Jodelwahnsinn und der Couplet AG, bei Lucie Mackert und Robert Heigl, bei Werner Schmidbauer, Andreas Rebers und Michi Dietmayr – um streng bei den Münchner oder in München lebenden Künstlern zu bleiben.

Doch zurück zu den reinen Troubadouren, zu denen bestimmt auch der »G'schicht'nsänger« und der »Isarträumer« Michael Bohlmann gehört. Fast so zahlreich wie die Musiker selbst sind die Veranstaltungen für ihre Zunft mit dem »Liedermacher Brettl«, dem »Abend der Liedermacher«, mit »Künstlerfest«, »Klangfest«, dem »lautwechsel« und der »Stadt der Liedermacher«. Die Events werden zahlenmäßig nur übertroffen von den 70 Tonträgerfirmen und Labels, die in und um München siedeln. Zu den beliebtesten Bühnen zählen das Schwabinger Vereinsheim, bis 2016 moderiert vom Barden Hannes Ringlstetter, außerdem Lustspielhaus, Zenith, die Pasinger Fabrik und wenigstens 30 andere Auftrittsorte. Ob sich zukünftig Publikum findet, das genau hinhören will, wird sich nicht nur in München erweisen – die meisten Liedermacher haben jedenfalls genügend Jahre auf dem Buckel, um die Entwicklung gelassen zu beobachten. Nur Konstantin Wecker, der Altmeister, könnte sich über diesen Trend ordentlich aufregen.

42

Malerfürsten:

Große Kunst fürs große Geld

Ach, wenn man doch manche Berufe einfach ergreifen könnte: den des Millionärs zum Beispiel oder den des Malerfürsten – was im München der vorletzten Jahrhundertwende so ziemlich auf das Gleiche hinauslief. Gibt es diese Berufsbezeichnung überhaupt in anderen Städten? Was mag sich der Hamburger oder Frankfurter vorstellen, wenn er von Lenbach, Stuck und Kaulbach hört, die vollständig natürlich nur mit dem Rittertitel sind? Heute wird das Prädikat »Fürst« nur noch halb scherzhaft an Großkünstler verliehen, etwa an Gerhard Richter, Markus Lüpertz oder Ernst Fuchs, der wenigstens lustige Kopfbedeckungen trug und fast so malte, als sei er hundert Jahre zu spät geboren.

Die echten Malerfürsten aber kommen alle aus dem 19. Jahrhundert: Franz Seraph von Lenbach erblickte 1836 in Schrobenhausen als eines von 17 Kindern der Familie »Lempach« das Licht der Welt. Mit 15 Jahren und ohne Zweifel hoch begabt zog er in die Residenzstadt und besuchte dort die Kunstakademie. Versehen mit einem Jahresgehalt von Adolf Friedrich von Schack, der bei Lenbach Kopien alter Meister bestellte, reiste er in den 1860er-Jahren nach Italien und Spanien. Wieder in München, begann seine Karriere als Porträtmaler, ein Metier mit den besten finanziellen Aussichten. Die Auftraggeber schätzten Lenbachs Kunst und seine Diskretion: Vom Kaiser Wilhelm bis Papst Leo bestellten die Mächtigen Porträts bei Lenbach, bis dieser selbst ein Promi wurde und sich auf das Grundstück gegenüber vom Königsplatz eine Villa im italienischen Stil setzen konnte, das heutige Lenbachmuseum (dessen zweite Wohltäterin später Gabriele Münter war).

Auch Friedrich August von Kaulbach (1850–1920) verdiente als Maler der Reichen und Schönen – vor allem die weibliche Kundschaft schätzte seine weichen Linien, die Sisi-Tochter Gisela etwa oder die Schauspielerin Hanna Ralph. Seine Villa, gleichfalls italienisch angehaucht, gebaut von Gabriel von Seidl, ähnelt vor allem zur Gartenseite eher einem Schloss denn einem Künstler-Wohnhaus. Sinnigerweise heißt die Schwabinger Straße, in der das Haus bis heute steht, Kaulbachstraße – nach Wilhelm von Kaulbach, gleichfalls Maler und Großonkel Friedrich Augusts.

Der mutigste Müncher Malerfürst war sicher Franz von Stuck, der *bad guy* und Exzentriker, aus dessen Bildern die Erotik nur so heraustropft – egal, ob er »Die Sünde« malte, »Wind und Welle« oder »Salome«. Der vielseitige (Lebens-)künstler, Zeichner, Bildhauer hat seine Villa Stuck an der Prinzregentenstraße selbst entworfen. Sie ist repräsentatives Wohnhaus, Gesamtkunstwerk, Museum – und fast ein bisschen Fürstengruft.

43

Johann Mannhardt:

Ein Meister der Zeit und des Todes

Was haben das Berliner Rathaus, der Vatikan und die Münchner Frauenkirche gemeinsam? Dort schlugen die Uhren des Königlich Bayerischen Hof-Turmuhrenfabrikanten Johann Mannhardt

(1798–1878) – eines gleichermaßen genialen wie glücklosen Tüftlers im Dienste der Genauigkeit. Seine Startbedingungen waren nicht die besten: So mager fiel die Schulbildung des Tegernseer Hütebuben aus, dass er kaum seinen Namen schreiben konnte. Doch mit der Ausbildung zum Turmuhrenmacher in Gmund zeigte sich sein mechanisches Talent. Die erste Uhr mit revolutionär neuer Konstruktion bekam Egern 1826, der nächste große Auftrag bot sich in der Residenzstadt, Mannhardts neuem Wohnort. Trafen zuvor die dem Dorf- und Stadtleben taktgebenden Uhren nur ungefähr die exakte Stunde, verlangten Industrialisierung und Eisenbahnverkehr nun nach verbindlichem Zeitmaß. Mannhardt gelang das Wunder der Präzision – wie genau, zeigt ein Blick ins Innenleben einer seiner Uhren auf dem Rathausplatz in Immenstaad am Bodensee. Der einstige Ziegenhirte lieferte mehr als 1200 Uhren in 20 Länder weltweit. Heute sind nur noch wenige von ursprünglich mehr als 200 Original-Mannhardt-Turmuhren in Bayern in Betrieb: am Wallfahrtskircherl Birkenstein in Fischbachau etwa oder am Turm von Kirchhaslach im Unterallgäu. Trotz eines Bankrotts 1865 sammelte Meister Mannhardt weiterhin Aufträge und Auszeichnungen, baute auf Wunsch Stundennachschlagwerke und Viertelstundenschläge und war seiner Zeit auch sonst weit voraus: So konstruierte er Strickmaschinen, ein mechanisches Reitpferd für Kinder und eine Ölmühle.

Doch leider gehört ein Werk zu den Hinterlassenschaften Johann Mannhardts, dessen er sich heute schämen müsste: eine Guillotine. Das innovative Moment seiner Tötungsmaschine war der Metallrahmen. Seit 1856 befand sich das »Mannhardt-Fallbeil« in Betrieb, mehr als 50 Jahre im Gefängnis Stadelheim. Dort enthauptete es wohl auch Hans und Sophie Scholl und ihre Mitstreiter der Weißen Rose.

Nach dem Krieg entstand das Gerücht, man habe die Guillotine in die Donau geworfen – tatsächlich gelangte sie ins Depot des Bayerischen Nationalmuseums. Dort machte sie vor ein paar Jahren ein Reporter ausfindig und erzeugte damit ein Gruselrauschen im Blätterwald. Dabei wird es vorerst bleiben, denn bis das Fallbeil in eine Ausstellung wandert, wird noch Zeit vergehen. Das würde Johann Mannhardt sicher verstehen!

44

Marienplatz:

Erstaunlich kleiner Mittelpunkt einer Millionenstadt

Für den Fall, dass die »Weltstadt mit Herz« wirklich ein Herz hat, dann schlägt es am Marienplatz – zumindest das touristische. Diesen Platz steuert jeder Fremde an. Einerseits, weil sich die Mariensäule als Treffpunkt empfiehlt, andererseits, weil die Besucher auf das Glockenspiel am Neuen Rathaus warten, das täglich um 11 und um 12 Uhr, von März bis Oktober auch um 17 Uhr mit 43 Glocken erklingt. Um 21 Uhr gibt es dann beinahe unbemerkt noch den »Meistersinger«-Nachtwächterruf und das Wiegenlied von Brahms.

Nicht ganz in der Mitte des Platzes steht die Säule mit der goldenen Marienfigur in ihrer Funktion als Patrona Bavariae – das ist denen, die das Münchner Vorbild in Wien, Prag und Trier kopierten, vielleicht nicht bewusst. Kurfürst Maximilian ließ sie während des Dreißigjährigen Krieges 1638 aufstellen, aus Dankbarkeit dafür, dass die Schweden im sogenannten »Wunder von München« seine Stadt und das ferne Magdeburg verschonten. Die

Wittelsbacher Kasse war wie immer leer, deshalb borgte er Säule und Marienstatue aus und ließ nur die vier Putten für den Sockel anfertigen, die seitdem gegen die Menschheitsplagen Krieg, Pest, Hunger und Unglauben kämpfen. Seine Münchner verweigerten der Madonna auf der Mondsichel zunächst die Zuneigung, hatte Maximilian für seine Stiftung doch einfach städtisches Territorium vereinnahmt. Das hat sich in jüngerer Zeit nur noch der FC Bayern getraut.

Dafür, dass er als zentraler Stadtplatz gilt, ist der Marienplatz erstaunlich klein, er misst nur 100 mal 50 Meter – eben nicht viel größer als eine Kreuzung der beiden wichtigen Salzstraßen war. Die Ausdehnung des Platzes reichte schon nicht mehr, als die ersten Märkte stattfanden, und im 19. Jahrhundert drohte endgültig der Hygienegau zwischen Fisch- und Fleischverkauf und gerade noch lebendigem Federvieh. Max I. Joseph gebot dem Treiben Einhalt – König sein und neben dem Rathaus ein stinkender Misthaufen, das ziemte sich nicht. Er verlegte den Getreidemarkt Richtung Heilig-Geist-Hospiz, die Geburtsstunde des Viktualienmarkts (Markt und Großmarkt). Heute steht der Marienplatz ganz den menschlichen Bedürfnissen zur Verfügung: um Meinungen zu demonstrieren, den Fußballmeister zu feiern und im Advent verzuckerte Mandeln mit überteuertem Glühwein herunterzuspülen.

Seit der Zeit des frühen Königreichs Bayern macht ein populärer Irrtum über den Marienplatz die Runde: Er sei der geografische Referenzpunkt, wenn Entfernungen nach München angegeben werden. Stimmt nicht, das ist der Nordturm der Frauenkirche, und zwar seit es die Bayerische Landesvermessung gibt. Der überaus erfolgreiche Slogan von der herzigen Weltstadt ist inzwischen ausgemustert, vielleicht wegen der Weltstadt, nicht aber, weil ein Herz fehlte. Das hat München beim Empfang der Flüchtlinge im Herbst 2015 gezeigt. Da passte sogar der neue Werbespruch: »Munich loves you«.

45

Markt und Großmarkt:

Alles, was gesund macht – täglich frisch

Diese Frische, diese Düfte, diese Farben – die kürzeste Fernreise innerhalb Münchens führt auf den Viktualienmarkt und an einen seiner gut 140 Standl. Hier hat alles Konjunktur, was lecker und meist auch gesund ist: Obst von heimisch bis exotisch, Gemüse jeder Couleur, Fisch aus allen Ozeanen, Käsespezialitäten, Wein, Gewürze, Eingelegtes und frisch gepresste Säfte – es gibt Bäcker, eine Metzgerzeile, Geflügel- und Blumenstände. Wer den Markt hungrig verlässt, ist selbst schuld, es sei denn, der Geldbeutel war schneller leer als der Magen voll. Manche Händler haben Früchte im Angebot, die eine halbe Weltreise entfernt gedeihen, andere setzen auf Regionalität oder präsentieren ihre 40 verschiedenen Kartoffelsorten wie die Wittelsbacher Kronjuwelen. Denn der Markt ist auch eine Schau mit seinen grünen Ständen rund um den hohen Maibaum, mit dem Biergarten im Kastanienschatten und den sechs Brunnen für die großen Volksschauspieler und -sänger. Seit 1807 wechseln hier, im Schatten von St. Peter und der Heilig-Geist-Kirche, die »Viktualien«, die Lebensmittel, den Besitzer, von Montag bis Samstag ab 7 Uhr bis in die Abendstunden hinein. Manche Stände sehen leider auch so aus, als hätten sie bereits zwei Jahrhunderte auf dem Buckel. Stimmt aber nicht, weil der Zweite Weltkrieg alles so gründlich zerstörte, dass der Wiederaufbau fraglich schien. Der Markt überlebte die Diskussionen, wurde neu errichtet und rottet seitdem leise vor sich hin, teils stützen Stahlträger die Stände, teils modert Schimmel im Keller. So entschlossen die Stadt andere Bauprojekte anfasst, so halbherzig kümmert sie sich um ihr Paradestück. Ihre Unentschiedenheit spiegelt den Clinch zwischen Traditionalisten und den Streitern für eine bessere Hygiene wider – ein schwieriges Feld.

Der wichtigste Zulieferer des Viktualienmarkts und überhaupt fast aller Obst- und Gemüseläden in Stadt und Umland ist die Großmarkthalle in Sendling, auch sie umwabert von Umbauplänen, projektiert bis 2023 und mit 120 Millionen Euro megateuer. Statt abgeschlossener Hallen soll die Geschäftigkeit auf 48 000 Quadratmetern künftig offen liegen, transparent zur Thalkirchner Straße, von oben durch Sheddächer aus Holz und Glas erhellt. Die denkmalgeschützten Altbauten bleiben den Plänen nach erhalten und bekommen neue Funktionen als Verwaltungssitz und Wohnraum, wer weiß, ob der Paternoster im historischen Kontor 2 überlebt. Dem neugierigen Endverbraucher bleibt er jedenfalls ebenso verborgen wie die Markthallen selbst an Europas drittgrößtem Umschlagplatz für Obst und Gemüse. Nur bei Führungen gewährt der »Bauch der Stadt« Einblicke in seine logistische Meisterleistung, und wie sie täglich frisch gelingt.

46

Die Mass:

Kleines Wort mit großem Wert

Der 60. Teil eines Eimers, das ist die Mass. Es muss natürlich »die« Mass heißen, denn es kommt von »diu Maze«, mittelhochdeutsch für das »richtige Maß« im Sinne von »Maß halten«. Nun ja. Wenigstens vereinfacht die bayerische Mass, also der (Glas-) Krug von einem Liter Volumeninhalt, das Nachrechnen beim Maßhalten, wenn schon nicht Hirn, Leber und Magen anzeigen, dass sie genug haben. Mit dem Mass halten, dem Stemmen des Krugs, hat übrigens kein gebürtiger Bayer oder Münchner, ob weiblich oder männlich, Schwierigkeiten. Wer im Biergarten oder Festzelt die zweite Hand zum Abstützen hinzunimmt, ist sofort als Gelegenheitsmasstrinker enttarnt.

Bleibt die Frage nach der korrekten Aussprache und Schreibweise. Den Regeln der neuen deutschen Rechtschreibung folgend, spricht sich das »a« in der Mitte kurz. Damit sich alle Neu-Münchner und Oktoberfestbesucher mit der Aussprache leichter tun, sei eine Eselsbrücke empfohlen: Es ist eine ziemliche Masse Bier (und jetzt das »e« bitte stimmlos), die man da vor sich stehen hat. Eine Ausweichmöglichkeit für die Aussprache wie fürs Fassungsvermögen bietet die Bestellung einer »Hoiben«, spricht sich wie ein früherer Ministerpräsident und entspricht 0,5 Liter Bier.

47

Melancholie:

Bittersüße Lieblingsplätze, fein verteilt

Dass er sich bei einer melancholischen Stimmung nicht so einfach in die Natur flüchten kann, gehört zu den kleinen Dramen des Stadtbewohners. Zwar gibt es den Englischen Garten, doch der liegt auch nicht immer um die Ecke. Aber selbst Grün von geringerer Fläche spendet Trost, oder es helfen jene Plätze, die Menschen vor Jahrzehnten künstlerisch gestaltet haben, weil sie ihnen am Herzen lagen. So wie der Alte Nördliche Friedhof, der einer grünen Insel gleich in der dicht bebauten Maxvorstadt liegt. Seine dicken Mauern halten den Lärm draußen und lassen das Leben ein: Familien mit Kindern, Jogger, Menschen, die sich noch mit Büchern auf Bänke setzen oder Zeit für die Betrachtung von Skulpturen und Inschriften haben. Am Grab des Bildhauers Michael Wagmüller etwa, der hier seine kleinen Mädchen bestatten musste und ein Kind in der liebevollen Fürsorge einer Frau zeigt, die fast lässig auf dem Sarkophag sitzt. Noch etwa 700 Grabstellen sind auf dem seit 1944 offen gelassenen Friedhof erhalten, eine stille Parade von weinenden Engeln und würdigen Bürgern.

Die pure Lebensfreude strahlt dagegen mitten in Schwabing das »Mädchen mit dem Seehund« aus – ein etwas aberwitziges Motiv in einer Stadt, die fast 1000 Kilometer von der nächsten Seehundbank entfernt liegt. Aber zum Brunnen in der Hiltensperger Straße passt das spielende Paar, und nur der Gedanke an ihren Schöpfer Ferdinand Liebermann stimmt wehmütig: Er wurde zur NS-Zeit Professor für Monumentalplastik.

Erdenschwer und doch himmlisch leicht steht Kurfürst Maximilians Dianatempel im Zentrum der Hofgarten-Symmetrie. Der zwölfeckige Pavillon mit seiner anmutigen Bavaria auf dem Dach scheint wie ein geheimer Treffpunkt für Musiklauscher, Tangotänzer, Müßiggänger und jedenfalls für Menschen, die sich vom Alltagsgetriebe ausgeklinkt haben. Dort lässt sich ein besinnlicher Spaziergang starten, der durch die Unterführung des Altstadtrings und vorbei am frisch renovierten Monopteros zum Chinesischen Turm führt. Ihm zur Seite steht ein Kinderkarussell, denkmalgeschutzt unterm Schindeldach, und dreht seit mehr als hundert Jahren seine Runden. Bei der Eröffnung 1913 trieb noch Männermuskelkraft das »Ringelreiten« an, 20 Jahre später rotierte die Drehbühne dann elektrisch. Zum Jubiläum restauriert und frisch gestrichen machen Joseph Erlachers Pferd, Steinbock, Giraffe, Lama und Kamel bis heute die Kinder froh – das ist ein noch schönerer Job als Engel zu sein auf dem Nördlichen Friedhof.

48

Memory Loops

Stadtführung, die leicht ins Ohr geht

Die Aufgabe verlangte einen vollkommen anderen Umgang mit einem vielfach bearbeiteten Thema: nach einer »neuen Form des Erinnerns und Gedenkens an die Opfer des Nationalsozialismus« in der »Hauptstadt der Bewegung«. So lautete der Wortlaut des Wettbewerbs, den die Stadt München zu ihrem 850-jährigen Bestehen 2008 ausschrieb. Gewonnen hat ihn die Künstlerin und Musikerin Michaela Melián mit einem Projekt, das ohne einen festen Ort und staatstragende Erinnerungskultur auskommt. Mit ihrem Cyber-Denkmal »memoryloops.net« greift Melián die Tradition der »oral history«, der erzählten Geschichte, auf. Im Zentrum stehen einerseits die Website und das Internet als »Erinnerungsarchiv«, andererseits München selbst. »Die ganze Stadt wird zum Ort. Die ganze Stadt ist ja auch der Ort!«, sagt die Künstlerin und hat für ihr Projekt aus vielen Quellen geschöpft – aus Interviews mit Zeitzeugen, aus den Archiven von Stadt, Staat, der Gedenkstätte Dachau und dem Bayerischen Rundfunk, aus Gesprächen mit Experten wie Michael Brenner, Professor für jüdische Geschichte an der LMU, aber auch aus Zeitungsartikeln, Akten und Gesetzen.

Entstanden sind so 300 deutsche und 175 englische Tonspuren, die entweder übers Internet oder übers Handy abgerufen werden können. 60 Schilder zeigen dazu Festnetznummern an – sozusagen die einzige Verortung des virtuellen Kunstwerks im Stadtraum. Aus der Fülle des Materials sind fünf Hörspiele als Collagen entstanden, eines dokumentiert das Schicksal der noch lebenden Geschwister Grube, deren Biografie sich zwischen den beiden jüdischen Synagogen der Stadt, zwischen dem Kinderheim, der jüdischen Schule und mehreren Deportationslagern abspielte. Nach Kriegsende kehrten sie nach München zurück.

Doch Memory Loops unterscheidet sich von den öffentlichen Erinnerungen aus Guido Knopps TV-Aufbearbeitungsfabrik. Michaela Melián hat das Material künstlerisch verwandelt, es auch mal verändert und teilweise mit Sounds unterlegt. Es ging ihr nicht darum, den Opfern »ihre Biografie zurückzugeben«, sondern um »exemplarische Erzählstränge, in denen die Betroffenen für alle sprechen«. Vor allem die Auswahl der Geschichten gestaltete sich schwierig – »jedes Schicksal war in seiner Komplexität berührend«, so Melián. Sämtliche Tonspuren haben deutsche Schauspieler neu eingelesen, auch die englischen Tracks, dialektfrei und ohne Lokalkolorit.

Besonders die von Kindern gesprochenen Passagen gehen nahe. Sie mühen sich durch Akten, Gesetze und Zeitungsartikel. Ihr unbefangener Zugang zu den Texten zeigt die ganze Grausamkeit der amtsdeutschen Rhetorik. Dass die virtuelle Erinnerungskunst in vielen Köpfen zur Dauerschleife geworden ist, belegen total analoge Zahlen: Die Seite verzeichnet fast eine Million Klicks (Stand April 2017).

*

»Wenn es Ihnen in München nicht gefällt, dann weiß ich nicht, wo es Ihnen in Deutschland gefallen soll.«

Angela Merkel
(*1954)

49

Michaelskirche:

Messe to go – die Kirche, ihre Kunden und der Standortvorteil

Oft ist zu hören, dass Kirche dahin gehen sollte, wo die Menschen sind. Das ist nicht immer ganz einfach, vor allem, wenn man es wörtlich nimmt. Im Falle von St. Michael aber gelingt es leicht, denn die Jesuitenkirche ist sowieso schon da, wo sich Menschen in Scharen aufhalten: in der Fußgängerzone. Neuhauser und Kaufinger Straße zählen regelmäßig zu den Top Five der meistfrequentierten Einkaufsmeilen Deutschlands mit etwa 12 000 Passanten – pro Stunde. Jede Menge Laufkundschaft also, die als Kirchgänger infrage käme. Denn, und das ist an St. Michael ebenso erstaunlich wie der Umstand, dass das Gotteshaus eine Hausnummer hat: Die ehemalige Kirche des Jesuitenkollegs hat gar keine feste Gemeinde, sondern versteht sich als »Wahlheimat für Gläubige« und »spirituelle Oase«. Zwischen der Frühmesse um 7.30 Uhr und der Abendmesse um 18 Uhr und auch danach finden jede Menge Veranstaltungen geistlicher Natur statt: Außerdem ist St. Michael als Aufführungsort schönster Konzerte klassischer Musik bekannt.

Und auch der Anblick dieser ersten Renaissancekirche nördlich der Alpen ist zum Niederknien: In dem langen Raum unter einer hohen Tonnengewölbedecke führen die einfallenden Sonnenstrahlen stimmungsvolle Lichtspiele auf. Nicht ganz zufällig erinnert er an das Antiquarium; diesen ältesten Raum der Residenz mit einer ähnlichen Decke gab Albrecht V. in Auftrag, der Vater Wilhelms V. Er ließ zwischen 1583 und 1597 auch Kirche und Kollegschule errichten, als Stätten der Bildung und Besinnung. Dabei wäre er, ganz Wittelsbacher Verschwender, beinahe an diesem Projekt pleitegegangen. Insgesamt 15 Figuren zieren die Fassade: Unter Jesus sind das der heilige Michael und andere Streiter für den wahren Glauben, schließlich befand man sich im Zeitalter der Gegenreformation.

Manche Pilgerströme zieht es heute in die Gruft von St. Michael. Hier liegen, angefangen mit Renata von Lothringen, 36 Wittelsbacher begraben – die meisten jedoch ohne ihr Herz, das nämlich in der Altöttinger Gnadenkapelle ruht. Auch der geheimnisumwaberte Ludwig II. hat hier seinen Steinsarkophag und gibt bis heute das Rätsel auf, ob er im Starnberger See ertrank oder dort einem staatlich verordneten Mord zum Opfer fiel.

50

Moderne Architektur:

Wenn die Bau-Idee den Rahmen sprengt

Es steckt derart viel -ismus (Klassizismus, Historismus, Maximilianismus und Monumentalismus) im dicht gedrängten Stadtbild Münchens – da hat es die moderne Architektur nicht leicht. Zumal das Hochbauamt mit Straßen, Brücken, Marktstandeln und 2600 städtischen Gebäuden genug am Hacken hat, dort aber manches Mal Außergewöhnliches plant, zum Beispiel den Busbahnhof an der Münchner Freiheit. Die spektakulärsten Bauwerke des neuen Jahrtausends ließen aber zumeist Universität/Freistaat oder die Privatwirtschaft errichten; Letztere mit der BMW Welt und der Allianz Arena im Norden der Stadt verortet.

Zum Markentempel der BMW Welt pilgern drei Millionen Besucher im Jahr und damit zweimal so viele wie nach Schloss Neuschwanstein. Auf einem Doppelkegel als Stütze ruht ihr 16000 Quadratmeter großes Dach; bildlich gesehen handelt es sich um einen Tornadowirbel mit Wolkendecke, tatsächlich ist die Konstruktion aus Glas und 4000 Tonnen Stahl so ziemlich das gewagteste Gebäude der Republik. Dass die Allianz Arena, Fußballstadion und FC-Bayern-Gelddruckmaschine, noch mehr Blicke auf sich zieht, ist vor allem ihrer Lage geschuldet. Unmittelbar an der A9 platziert, leuchten die mehr als 2700 Kunststoffkissen in Dämmerung und Dunkelheit dank 380000 LEDs in mehreren Farben.

Richtung Innenstadt findet man die interessantesten Neubauten im Kunstareal. Die Pinakothek der Moderne, gebaut zwischen 1996 und 2002, schafft es, vier abgeschlossene Sammlungen einerseits zu trennen, andererseits zu vereinen. Unter der 25 Meter hohen Glaskuppel der Rotunde zweigen die Bereiche ab, das reinweiße Treppenhaus ist als Ort der Begegnung konzipiert. So monochrom die PdM, so flirrend wirkt das Museum Brandhorst mit seiner Fassade aus 36000 Keramikstäben in 23 Farbtönen. Seiner Baugeschichte ging ein leicht fauler Deal voraus: Gegen das Versprechen des Freistaats, das Museum zu bauen und zu betreiben, haben Annette und Udo Brandhorst ihre Sammlung der Allgemeinheit überlassen. Unglücklich schienen zunächst das beengte Grundstück und die Schallschutzauflagen, doch haben die Architekten Sauerbruch Hutton die Schwierigkeiten mit einer Anlage über drei Stockwerke und der energieeffizienten und schallschluckenden Fassade kreativ gelöst. Das Museum Brandhorst zeigt in hohen Räumen unterschiedlicher Größe 700 Werke der amerikanischen und deutschen Moderne.

Farbe liegt dem NS-Dokumentationszentrum als nüchternem Neubau fern, Kritiker attestieren dem weißen Bauhaus-Kubus gar die Ausstrahlung eines Eiswürfels. Wichtiger aber als die Frage, wie es neben dem einstigen »Führerbau«, der heutigen Hochschule für Musik und Theater, steht, ist vermutlich die Tatsache, dass es überhaupt steht. Der Gebäude der Berliner Architekten Georg Scheel Wetzel eröffnete am 30. April 2015, 70 Jahre nach Kriegsende, und zog bereits im ersten Jahr mehr als 220000 Interessierte an den »Lern- und Erinnerungsort«.

Dass moderne Architektur Besucher lockt, sogar Kirchgänger, zeigt auch die Herz-Jesu-Kirche in Neuhausen, ein Gotteshaus in Glasquaderoptik. Vorn blau schimmernd und an den Seiten transparent, umhüllt die Glas-Stahl-Konstruktionen einen Holzbau, durch dessen 2000 Lamellen Licht fällt – je nach Wetter und Tageszeit in immer anderer Intensität.

Wer das Baubüro Coop Himmelb(l)au engagiert, weiß, dass Avantgarde herauskommt. Die Wiener Architekten haben München um den Erweiterungsbau der Akademie der Bildenden Künste bereichert. 16 Meter hoch ragen die Glasflächen schräg über dem Eingang, daneben reckt sich ein weit auskragender Teil Richtung Akademiestraße – der Erweiterungsbau erklärt den Dekonstruktivismus wie von selbst. Spektakulärer als die Fassade ist die Eingangshalle mit ihrem Gewirr von Stegen, Stützen und Fachwerkträgern, die sich scheinbar halsbrecherisch in allen Höhen durchs Gebäude spannen. Auch der neueste architektonische Blickfang Münchens steht im Dienst der Wissenschaft. Der 2011 eröffnete Campus der Hochschule für Fernsehen und Film am Bernd-Eichinger-Platz feiert die Baustoffe Glas und Beton und bietet im Untergeschoss dem Staatlichen Museum Ägyptischer Kunst Platz. Wer dort eintreten möchte, muss hinabgehen, Assoziationen an Pyramiden liegen dabei nicht fern.

51

Monacensia:

Einblick ins literarische Gedächtnis der Stadt

Mit der Fachbibliothek und dem Literaturarchiv Monacensia ist es ein bisschen so wie mit der Residenz: Hinter ihrer eher unscheinbaren Fassade verbergen sich unschätzbare Werte. Nur, dass sie hier nicht aus Prunksälen und Edelsteinen bestehen, sondern aus Buchstaben und Gedanken. Mehr als 350000 Dokumente sammelte das »literarische Gedächtnis« der Stadt bisher, darunter über 300 Nachlässe, etwa von Thomas Mann, Frank Wedekind, Gustav Meyrink, Ludwig Thoma und Ludwig Ganghofer. Hier lagern Originalmanuskripte von Geistesgrößen mit München-Bezug, für Wissenschaftler einsehbar und digital zugänglich – unter anderen die kompletten schriftlichen Nachlässe von Klaus und Erika Mann. Dem Archiv ist eine Bibliothek angegliedert, die 150000 Bände umfasst und neuerdings auch nach draußen verleiht.

Den Rahmen für den reichen Geistesstoff gibt eine Bogenhausener Künstlervilla. Definitiv kein Gebäude, das sensible Menschen mit einem mulmigen Gefühl betreten müssen wie so manches andere Münchner Baumachwerk – das Haus der Kunst zum Beispiel. Im Hildebrandhaus dagegen herrschen *good vibrations*. Der Bildhauer des Wittelsbacher- und des Vater-Rhein-

Brunnens Adolf von Hildebrand ließ das Haus mit Türmchen 1898 für seine große Familie errichten. Vor der Emigration verkauften die Hitler-Gegner ihre Villa an Elisabeth Braun. Die Lehrerin und Schriftstellerin bot ab 1934 mehr als 15 verfolgten Menschen Unterschlupf, vor allem »nicht-arischen« Christen und alleinstehenden Frauen. Im November 1941 wurde Elisabeth Braun nach Litauen deportiert und ermordet. Mehrfach drohte ihrer Villa in der Nachkriegszeit der Abriss – erst seit 1973 steht sie unter Denkmalschutz. Vier Jahre später zog die 1921 begründete Monacensia ins sanierte Hildebrandhaus. Die jüngste Renovierung und bauliche Erweiterung ist gerade abgeschlossen: Nun stehen Archiv und Bibliothek doppelt so viel Platz und neueste Technik zur Verfügung, die Bücher dürfen nach Hause entliehen werden, und das grüne Bogenhausen funkelt durch die hohen Fenster – ein wirklich beseelter Ort.

52

Montgelas:

Der Scharfrichter der Säkularisation

Der Mann hatte einen Riecher für Politik: Das sieht jeder, der vor der sechs Meter großen Montgelas-Skulptur aus gefrästem Aluminium steht, aus der riesig Stirn und Nase ragen. Maximilian Carl Joseph Franz de Paula Hieronymus Graf von Montgelas, ein Zeitgenosse Goethes, amtierte nicht nur als bayerischer Außenminister, er war das bayerische Außenministerium: Seine

Wohnung im Palais Montgelas, heute das Eckhaus des Hotels »Bayerischer Hof« am Promenadeplatz, diente als Sitz des Ministeriums für auswärtige Angelegenheiten wie als Kanzlei für Aufgaben des inneren Staatsrechts. Denn der Adelsspross mit dem französischen Namen und den Münchner Wurzeln war ein Alleskönner. Den Juristen und Historiker beschäftigten das Militär- wie das Verwaltungswesen, er machte sich als Diplomat wie als faktischer Ministerpräsident so unentbehrlich wie unbeliebt. Der Aufklärer Montgelas trug die Früchte der Französischen Revolution nach Bayern: Staatsräson statt absolutistischem Selbstverständnis. Er schaffte die Privilegien der katholischen Kirche ab, reformierte den Beamtenapparat, stellte alle Bürger vor dem Gesetz gleich, sorgte für Presse- und Religionsfreiheit und das Ende der Leibeigenschaft. Die erste geschriebene Verfassung Bayerns vom 1. Mai 1808 macht aus dem rückständigen Feudalfürstentum den modernsten Staat Europas und fast schon eine konstitutionelle Monarchie.

Doch: viel Ehr, viel Feind. Mit dem Russlandfeldzug, in den Bayern als Napoleons Bündnispartner 30 000 Soldaten entsendet, von denen kaum einer zurückkehrt, sinkt Montgelas' Stern. Er sei zu mächtig, habe zu viele Ämter, lauten die Argumente. Am 2. Februar 1817 entlässt ihn der König.

Das Erbe, das Montgelas seinem »Volk von Bierbäuchen« vermachte (so despektierlich äußerte sich Max I. Joseph über seine Untertanen), wirkt je nach Blickwinkel fraglos gut oder unsäglich schlecht. Freunde des Laizismus begrüßen seine Reformen, ohne die in Bayern vielleicht die Kirche noch viel mehr das Sagen hätte. Kunstliebhaber beweinen die Verluste, die die Plünderungen im Umfeld der Säkularisation auslösten. Historiker bedauern einerseits, dass er seine Neuerungsideen nicht großflächiger umgesetzt hat, und andererseits, dass Geistesleben und Wissenschaften mit den Klöstern starben. Auch einen bis heute wirksamen Zentralismus hat Montgelas den Bayern beschert.

Vielleicht verhält es sich mit seinem Nachruhm so wie mit Katrin Sanders neun Tonnen schwerer Montgelas-Skulptur am Promenadeplatz: Aus der Ferne ist seine Silhouette klar erkennbar, der Blick aus der Nähe jedoch verwirrt.

53

Münchner Kindl:

Auf Rathaus, Senfglas und hoch zu Ross: die Wappenfigur

Streng genommen verbirgt sich unter der geräumigen Franziskanerkutte der Münchner Wappenfigur ein Skandal. Denn was genau hat eine junge Frau im Mönchsgewand zu suchen, noch dazu bevorzugt eine Blondine? Und wie hat es zuvor ein pausbackiges Kind in die Heraldik geschafft, wo doch ursprünglich ein asketischer Mönch Vorbild war? Denn der Name München, »apud Munichen« (bei den Mönchen), bezog sich auf jene Gründungszelle aus dem Kloster Schäftlarn, die vermutlich an der Stelle der heutigen Michaelskirche in der Fußgängerzone lag. Seit 1304 wird das Amtssiegel aufgedrückt, und doch herrscht bei seinen Insignien Unsicherheit: In der linken Hand trägt das Wappen-Kind vielleicht das Stadtrechtebuch, vielleicht auch ein Evangelium, die rechte hat es zum Schwur erhoben, oder aber es spendet Segen. Egal, heute trifft man das leibhaftige Münchner Kindl meist mit Bierkrug an, alle Unklarheiten im Gerstensaft ertränkend.

Die Wandlung vom Klosterbruder zum Kind, dessen goldbetresste Kutte auch nicht ganz waschecht ist, aber dafür die Stadtfarben Schwarz und Gelb spiegelt, geschah vermutlich im

Verlauf des 18. Jahrhunderts. Damals blieb aber immerhin das Geschlecht erhalten, und auch auf den Kitschpostkarten des Fin de Siècle prangte noch ein rot wangiger Bub. Als solcher steht er auch in 85 Meter Höhe auf der Spitze des Rathausturms, geschaffen vom Bildhauer Anton Schmid, der dort 1905 seinen neunjährigen Sohn Wiggerl verewigte. Ludwig Schmid-Wildy wiederum machte später im komödiantischen Fach Karriere, als Nachtwächter Veitl in Deutschlands erster Gerichtssoap »Königlich Bayerisches Amtsgericht«. In den 1920er-Jahren tritt das Kindl dann noch als Markenfigur für süßen Senf in Erscheinung, bevor es zum vorerst letzten Mal seine Geschlechterrolle wechselt. Seit 1938, damals in Gestalt der späteren Pumuckl-Autorin Ellis Kaut, ist das Münchner Kindl ein Mädchen. Ausgewählt vom Festring München, feiert es jedes Jahr seinen wichtigsten Auftritt beim Oktoberfest. Dann führt es den Einzug der Wiesnwirte hoch zu Ross an, noch vor der Oberbürgermeister-Kutsche.

Und die Wappenfigur? Wie geschaffen fürs Merchandising grüßt sie von Bierkrügen und Webdomains, als Puppe und Christbaumkugel, unverwüstlich seit 700 Jahren und doch ein topmodernes Beispiel für eine glückliche Transgender-Biografie.

54

Nationaltheater:

Die Oper ist tot? Nicht hier!

Es muss noch kein Ton erklungen sein und kein Spitzenschuh die Bühne berührt haben, da ist Münchens Opernhaus schon ein Erlebnis. Allein der Eintritt durch die von acht korinthischen Säulen gestützte Vorhalle hebt die Stimmung. Durch Foyers und

Wandelgänge, über Hauptstiegen und Seitentreppen gelangen die Zuschauer in Deutschlands größtes Opernhaus, das sich im und über dem leicht ansteigenden Parkett in atemberaubender rot-weiß-goldener Pracht öffnet. 2101 Plätze gibt es insgesamt, 90 Logen auf fünf Rängen fassen jeweils bis zu sieben Besucher. Es muss eine ziemlich gespenstische Veranstaltung gewesen sein am 10. November 1880, als Ludwig II. einer Privatvorstellung des »Lohengrin« nur im Beisein Richard Wagners lauschte.

Heute ist das Haus voll, die Auslastung beträgt über 95 Prozent. Jedes Jahr besuchen 600000 Gäste mehr als 300 Vorstellungen, darunter über 30 verschiedene Opern, Konzerte und gut 20 Ballette. Wenn während der Festspiele im Hochsommer unter dem Motto »Oper für alle« eine Aufführung live auf den Max-Joseph-Platz übertragen wird, hören 10000 Menschen zu. Das hätte sich Kurfürst Ferdinand Maria nie träumen lassen, als er 1657 im ehemaligen »Haberkasten« am Salvatorplatz die erste Opernbühne Deutschlands errichten ließ. Knapp hundert Jahre später löste sie das Residenztheater ab, in dem Mozarts »Idomeneo« 1781 seine Uraufführung feierte. Damals fanden 560 Zuschauer Platz, zu wenig in der scheinbar schon immer opernversessenen Residenzstadt. König Max I. Joseph beugte sich den Wünschen nach einem Opernhaus für die Bürger und ließ an der heutigen Stelle das Königliche Hof- und Nationaltheater nach Plänen von Karl von Fischer errichten – ein Musterbeispiel des deutschen Klassizismus, im Stil eines griechischen Tempels gebaut.

Die schönste Legende um das heutige Stammhaus der Bayerischen Staatsoper, des Bayerischen Staatsballetts und -orchesters hat einen traurigen Anlass. Denn kaum war das Bauwerk vollendet, fing am 14. Januar 1823 die Dekoration Feuer. So eisig war die Nacht, dass das Löschwasser einfror, und hätte nicht das nahe gelegene »Hofbräuhaus« eimerweise Bier auf die Flammen gegossen, wäre die herrliche Oper vollkommen ausgebrannt. Dank der vielen Privatspenden gelang der Neuaufbau unter Leo von Klenze binnen zwei Jahren – innen erneut komplett aus Holz, aber mit »feuersicherem Anstriche« versehen, wie ein Zeitdokument berichtet. Der hat in der Nacht vom 3. Oktober 1943 wohl auch nicht viel geholfen: Ein Bombenangriff zerstörte das Nationaltheater bis auf die Grundmauern, und es dauerte genau 20 Jahre, bis das Opernhaus in alter Pracht neu erstrahlte. Übrigens die drittgrößte Opernbühne der Welt, in der ein zwölf Tonnen schwerer eiserner Vorhang den Zuschauer- vom Bühnenraum trennt. Garantiert feuerfest!

55

Neunundneunzig Meter:

Münchens Gardemaß oder: Wie ein Volksentscheid alle Höhenflüge stoppte

Die Tatsache, ob eine Stadt das Zeug zur Weltstadt hat oder nicht, lässt sich bislang nicht objektiv messen: weder an der Zahl ihrer Wolkenkratzer oder Verkehrsampeln noch an der Peinlichkeit lokaler Skandale. Zum Glück für München vielleicht auch nicht an der Höhe ihrer Gebäude, sonst würde es hier maximal zum Weltdorf reichen. Schuld daran ist Georg Kronawitter (1928–2016). Der langjährige Oberbürgermeister setzte sich 2004 an die Spitze einer Bürgerbewegung, die für den freien Blick auf die Berge kämpfte. Kein Bauwerk innerhalb des Mittleren Rings darf seit dem Volksentscheid 99 Meter übersteigen, die Höhe der Frauenkirchentürme. Stein des Anstoßes war 2003 der geplante Neubau des Hochhauses für den Süddeutschen Verlag im Stadtteil Zamdorf, ursprünglich projektiert mit 150 Metern. Realisiert wurden nur 99,95 Meter – und das darf durchaus als kleine Frechheit gelten, messen die Domtürme doch genau genommen nur 98,45 beziehungsweise 98,57 Meter.

Dass gerade mal 11,1 Prozent der Münchner am »Volks«entscheid teilnahmen und sich davon nur 50,8 Prozent den Ansichten der Initiative »Unser München« anschlossen, weiß heute keiner mehr – die Entscheidung, moderne Architektur auf ein bodenständiges Maß zu stutzen, gilt dagegen noch immer. Übrigens waren alle, die damals etwas zu sagen hatten, dagegen: der FC Bayern, der Kronawitter-Nachfolger Christian Ude, Intendanten, Schauspieler und Architekten sowieso. Den Rest der Bundesrepublik hat die kleinmütige Zentimeterzählerei eher amüsiert, was wiederum in der Landeshauptstadt keinen juckte – ein durchaus gängiges deutsch-bayerisches Reaktionsmuster.

Und die Skyline der Stadt? Natürlich gibt es Hochhäuser, die 99 Meter überragen. Gleich vier davon, das Uptown (auch als O_2-Turm bekannt), die beiden Highlight-Tower und der BMW-Vierzylinder stehen im Nordwesten, was den irgendwie verschobenen Eindruck hinterlässt, als habe das Wirtschaftszentrum nichts mit dem Stadtleben zu tun. Vielleicht aber hatte die Schildbürgerei auch ihr Gutes. Münchens Wiedererkennungswert ist hoch: Während andere Städte innerhalb weniger Jahre ihrer Silhouette ständig neue Akzente verpassen, bleibt sich München treu – vorn die Türme der Frauenkirche und dahinter die Alpen.

56

Oktoberfest:

Zahlen, Fakten, Kurioses

Manche Statistiken sind so unglaublich, dass man sie glatt für gefälscht halten könnte. Das Oktoberfest generiert eine Menge solcher Werte, beispielsweise die Zahl 91: So viel Prozent aller Menschen weltweit kennen angeblich das größte Volksfest auf Erden, das hat die Deutsche Zentrale für Tourismus ermittelt. Oder 57 Prozent: So viele Besucher, die das erste Mal kommen, gaben an, dass das Oktoberfest eben einfach ein Begriff sei – obwohl die Stadt München bereits 1985 alle Werbung zur Wiesn eingestellt hat. Google zählt zum Stichwort »Oktoberfest« mehr als 59 Millionen Einträge, inzwischen gibt es mehr als 2000 Nachahmerveranstaltungen weltweit.

Aber eben nur ein Original. Das Oktoberfest ist seit der Hochzeit von Kronprinz Ludwig mit Prinzessin Therese am 12.10.1810 eine Institution in München. Das lässt sich ohne Übertreibung sagen: 2017 findet es zum 184. Mal statt, nur zu Kriegszeiten setzte die Wiesn aus. Seit 1835, dem Jahr der Silberhochzeit des Königspaars, führt ein Trachten- und Schützenzug zur Theresienwiese. Inzwischen machen sich mehr als 8000 Menschen in Dirndl und Lederhose vom Maximilianeum aus auf die sieben Kilometer lange Strecke.

Einst zog sich das Festgelände am Stadtrand hin, inzwischen erstrecken sich die 42 Hektar in bester Lage und bleiben trotzdem unbebaut – abgesehen vom Tollwood-Festival, dem Frühlingsfest und anderen kleineren Veranstaltungen –, bis Ende Juli die Baukolonnen anrücken, um die großen und die kleineren Zelte hinzustellen, die 80 Fahrgeschäfte und 120 anderen Schaustellerbetriebe. Ab dann steigt in der Stadt die Aufgeregtheit beinahe täglich, die Zeitungen kolportieren Skandälchen, die einen zählen die Tage, die anderen bereiten alles für ihre Flucht aus der Stadt vor. Und dann kommt das Oktoberfest, immer am Samstag nach dem 15. September, und dauert mindestens 16 und höchstens 18 Tage. Die Wiesn gilt als eröffnet, wenn der Oberbürgermeister im Schottenhamelzelt ein geschmücktes Fass ansticht und seinen Erfolg mit »O'zapft is« verkündet. Die erste Mass des eigens gebrauten Wiesnbiers erhält der Ministerpräsident.

Soweit die nackten Zahlen – es bleiben: das Gefühl, die Stimmung, die Freude, die Gemeinheiten, die peinlichen Ausrutscher und so ziemlich alles andere, was dem Menschen nicht fremd ist. Auch wenn die meisten Besucher aus München, dem Umland und dem übrigen Bayern kommen, lockt diese Wiesn mehrere Tausend Fremde aus allen Erdteilen an. Asiaten, die sich mit Tracht ausstaffieren, Neuseeländer, die als die Härtesten im Festzelt gelten, Italiener, die traditionell am mittleren Wochenende zur Festa della birra anreisen, Amerikaner, die 2016 die Terrorangst bremste. Seit diesem Jahr umgibt ein vieldiskutierter leichter Metallzaun das Gelände, in dessen Grenzen es aber friedlicher zuging als in den Jahren zuvor – nur 42 Masskrüge waren an Schlägereien beteiligt (2015: 52); es fanden etwas mehr als 1000 Straftaten statt (statt 1261 wie im Vorjahr), die Polizei musste zwar immer noch zu 2120 Einsätzen ausrücken, aber sie fühlte sich in ihrer Präsenz von der Bevölkerung unterstützt. Der zuständige zweite Bürgermeister Josef Schmid riss sich zu der Bemerkung hin, die 2016er sei eine »chillige« Wiesn gewesen, was angesichts des dauergespielten Wiesnhits »Hulapalu« wirklich verwundert.

Vielleicht setzt sich mit einem Oktoberfest, das nicht immer den Vorjahresrekord brechen muss, eine neue Sicht durch, schließlich sind 5,6 Millionen Besucher auch eine Hausnummer! Selbst das Verhältnis von Gästen zu Bierkonsum erschien 2016 wesentlich gesünder – und die »Oide Wiesn«, der nostalgische Volksfestteil mit historischen Fahrgeschäften, belegt seit 2010, dass Entschleunigung auch beim Thema Volksbelustigung funktioniert. Richtig lustig, auch für Wiesn-ferne Menschen, sind jedes Jahr die Fundsachen: das Bettwäscheset der Polizeigewerkschaft etwa, der FC-Bayern-Gartenzwerg oder die Angelrute.

57

Olympia 1972:

Ein Großereignis mit bleibenden Folgen

Ohne den Olympia-Gegnern zu nahe treten zu wollen – aber es ist ein Segen, dass das Instrument der Volksbefragung in den 1960er-Jahren nicht zum Zuge kam, denn sonst sähe München heute anders aus. Womöglich würden immer noch Trambahnen durchs Siegestor rattern, Olympiapark und -stadion fehlten zur Freizeitbeschäftigung, und 6000 Münchner müssten sich ihre Wohnungen im Olympischen Dorf wegdenken. Aber damals wurde nicht lang gefackelt: Von dem Moment, wo Willi Daume München als Bewerber um die Sommerspiele ins Gespräch brachte, bis zur tatsächlichen Vergabe verging fast auf den Tag genau ein halbes Jahr. In der Zeit zwischen Oktober 1965 und April 1966 sprachen sich alle Entscheidungsträger inklusive des

IOK für ein Engagement aus, Bundespräsident Gustav Heinemann übernahm die Schirmherrschaft, und in der Stadt brach nach dem Zuschlag eine Bauwut sondergleichen aus. Es mangelte quasi an allem: am Olympiastadion, an Reit- und Schwimmhalle, an Bauten für Bahnradwettbewerbe, fürs Turnen und für Ballsportarten, es fehlte an Athletenunterkünften und auch am Geld. Statt der geplanten 520 Millionen D-Mark kosteten die Spiele fast das Vierfache, zur Hälfte getragen vom Bund und zu je einem Viertel vom Land Bayern und der Stadt. Bezahlt haben nachher alle Deutschen als begeisterte Sammler von Olympia-Briefmarkensets und -Silbermünzen – und als Glücksspieler. Sie hofften auf den Großgewinn in der Lotterie Glücksspirale, deren Strahlenkranz bis heute an die *corporate identity* der Spiele erinnert. Der Designer Coordt von Manstein hatte sich dieses Symbol für die »heiteren Spiele« 1972 ausgedacht, die ja dann doch nicht so ungetrübt verliefen (Attentate). Hauptsächlich aber zeichnete Otl Aicher für die Gestaltung verantwortlich, er entwarf die Plakate, die Piktogramme und das Maskottchen Waldi, einen Dackel im blau-grün-orangenen Streifenlook.

Rückblickend werden wohl die meisten Münchner zustimmen, dass sich die Investition in Olympia gelohnt hat. Geblieben ist das Olympiazentrum mit der Halle, dem Stadion unterm herrlichen Zeltdach von Frei Otto und dem beliebten Park. Seit 1972 haben knapp 120 Millionen Menschen mehr als 12 800 Veranstaltungen im Olympiastadion besucht, und das Olympische Dorf gilt als eine der begehrtesten Wohnlagen der Stadt. Gerade noch im Originalzustand befinden sich viele U-Bahn-Stationen, deren Bau aus Anlass der Spiele beschleunigt worden war. Am Marienplatz etwa strahlen die gefliesten Wände blau und orange um die Wette, und manch andere Station sieht aus, als seien hier die »Prilblumen« der 1970er-Jahre explodiert – hoffentlich bleibt all das auch weiterhin noch ein bisschen.

»Fahren Sie gar nicht erst woanders hin, ich sage Ihnen, es geht nichts über München. Alles andere in Deutschland ist Zeitverschwendung.«

Ernest Hemingway (1899–1961)

58

Open Air:

Ein Mix aus Sound und Sommerbrise

Zahlreiche Freiluftbühnen geben der Münchner Open-Air-Kultur zwischen Ende Mai bis Anfang September Raum. An erster Stelle steht da der Odeonsplatz, der das ganze Jahr über Schauplatz mehr oder weniger sinnvoller Veranstaltungen ist, an zwei Sommerabenden aber ganz der Hochkultur gehört. Dann begleiten vor insgesamt 16000 Zuhörern auf dem dicht bestuhlten Platz die Münchner Philharmoniker sowie die Symphoniker des Bayerischen Rundfunks weltberühmte Solisten.

2015 zog der Königsplatz mit einem »Gipfeltreffen der Stars« Anna Netrebko und Jonas Kaufmann nach, er präsentiert aber auch profanere Programme. Neben dem Kino-Open-Air, das seine Leinwand an die Propyläen heftet, und der familiären Studentenparty Tunix zählt dazu das »Oben ohne«. Das fehlende Dach liefert den Titel der Veranstaltung, die der Kreisjugendring für Festivalbesucher ab 12 Jahren organisiert. In Spitzenjahren kommen mehr als 18000 jugendliche Zuhörer auf den Königsplatz – ähnlich viel Publikum lauscht dort an Sommerwochenenden wechselnden Konzerten zwischen Charts und Schmacht.

Härtere Töne schlägt das Rockavaria auf dem Coubertinplatz im Olympiapark an, beim jüngsten Spektakel im Open-Air-Reigen spielten 2016 Iron Maiden auf. Das Hardcore-Event findet Ende Mai statt, im gleichen Zeitraum läutet das Theatron-

Pfingstfestival zu Weltmusikklängen die Sommersaison im und um das Olympiastadion ein. Beliebteste Veranstaltungen sind dort das Kino unterm freien Himmel und der Open-Air-Rave im August; dazu gibt's am laufenden Band Konzerte im Stadion – neuerdings wieder auf Gras statt auf Beton. Die grüne Wiese ist auch das Stichwort für das Greenfields Festival. Seit 2001 feierten auf der Galopprennbahn in Riem bis zu 5000 Zuhörer bei Techno und House, zwar etwas weit vom Schuss, dafür aber mit Schattenplatzgarantie unter hohen Bäumen. Die wohl lauschigsten Plätze für sommerliche Kinoabende bietet die Seebühne im Westpark auf den Natursteinstufen des Amphitheaters. Der Name der Veranstaltung ist zugleich ein Wunsch ans Wetter: Kino, Mond & Sterne.

Für die Lust auf Sound und Sommerbrise reichen all diese Locations aber nicht aus, deshalb rückt das städtische »Kompetenzteam für Kultur- und Kreativwirtschaft« aus. Zurzeit hält es nach neuen Veranstaltungsorten für Großkonzerte mit bis zu 20000 Besuchern Ausschau. Neben dem Alten Reitstadion in Riem sollen das Freiflächen an der Messe und im entstehenden Werksviertel am Ostbahnhof sein. Auch der schöne Bavariapark hinter der Ruhmeshalle steht auf dem Konzeptpapier – dabei eignet der sich am allerbesten für ein Sternenhimmel-Open-Air zu zweit.

59

Orchester:

Ensembles von Weltrang

Der Ausspruch ist einfach zu schön, um nicht kolportiert zu werden – auch auf die Gefahr hin, dass der Zusammenhang nicht stimmt. »Burn it!«, soll der große Leonard Bernstein gesagt und damit die Akustik der Philharmonie am Gasteig kritisiert haben. Laut Eckard Heintz meinte der Komponist jedoch nicht den Konzertsaal, sondern eine selbst geschriebene Partitur. Da Eckard Heintz dem Kulturzentrum aber viele Jahre als Geschäftsführer vorstand, darf seine Richtigstellung als befangen gelten – an der Umstrittenheit des Gebäudes ändert sie ohnehin nichts. Die begleitet den Klinkerkoloss am Isarhochufer seit dem Tag seiner Eröffnung im November 1985. Von Kulturtrutzburg ist die Rede, von Kulturvollzugsanstalt und vor allem von der schlechten Akustik im großen Konzertsaal, der ein Amphitheater nachahmt und 2400 Plätze bietet.

In diesem Gasteig jedenfalls spielten die Münchner Philharmoniker unter Dirigentenlegenden wie Sergiu Celibidache, James Levine oder Lorin Maazel. Bis 2020 läuft der Vertrag des aktuellen Pultchefs Valery Gergiev – in seine Amtszeit fällt die Entscheidung über den neuen Konzertsaal, der heftige Kontroversen und mehrere politische Kehrtwendungen auslöste. Nach peinlichen Sparvorschlägen und schwieriger Ortswahl ist die neue Philharmonie nun als »Leuchtturm-Projekt« Chefsache. Letzter Stand der Entwicklung: Die besten und teuersten Architekturbüros der Welt von Gehry bis Herzog & de Meuron beteiligen sich am Wettbewerb um ein neues Haus im sogenannten Werksviertel am Ostbahnhof.

Dem Ruf des Orchesters hat das Gerangel um seine Spielstätte allerdings wenig anhaben können – die 1893 gegründeten Münchner Philharmoniker blicken auf viele Sternstunden zurück, etwa die Uraufführung von Gustav Mahlers »Lied von der Erde«, auf das Debüt von Wilhelm Furtwängler oder umjubelte Auslandstourneen. Rund 16 000 Abonnenten bescheren dem Ensemble eine Auslastung von 90 Prozent.

Daneben gibt es noch andere Klangkörper von Weltgeltung: Das Symphonieorchester des Bayerischen Rundfunks spielt seit 2003 unter Mariss Jansons »jedes Konzert so, als sei es ihr letztes«, sagt der Maestro. Ein Schwerpunkt liegt bei der Aufführung zeitgenössischer Werke – manchmal dirigiert von den Komponisten selbst, wie 1982 Arvo Pärts »Johannespassion«. In der Gunst der Musikkritiker standen die Rundfunksymphoniker zuletzt auf Rang sechs der besten Orchester weltweit.

Als drittes und mit Abstand ältestes Großensemble hat das Bayerische Staatsorchester seinen Sitz in München. Seine Wurzeln reichen bis 1523 zurück, als offizielles Gründungsdatum des Hoforchesters gilt aber 1811. Die Musiker geben Konzerte und begleiten Opernaufführungen – zuletzt unter Zubin Mehta und Kent Nagano, aktuell unter Kirill Petrenko.

Außer diesen bedeutenden Orchestern gibt es gut drei Dutzend weitere: einige als Jugendensembles der großen Häuser, andere als zweite Mannschaft wie beispielsweise das Münchner Rundfunkorchester des BR. Ihre Bühnen sind das Prinzregenten- und das Staatstheater am Gärtnerplatz, der Herkulessaal der Residenz, aber auch die Große Aula der LMU, die Allerheiligen-Hofkirche oder eben die ungeliebte Philharmonie. Wenn das neue Konzerthaus auf 5300 Quadratmetern im einstigen Kunstpark Ost steht, erhält auch der Gasteig eine Auffrischung: Seine Generalsanierung ist für 2021 vorgesehen. Die bis zu 750 000 Besucher, die jedes Jahr Konzertsäle und Bibliothek, die Volkshochschule und die vielen Veranstaltungen nutzen, werden sich freuen.

60

Originale und Fälschungen:

Von Grantlern, Selbstdarstellern und Charmeuren

Ein echtes Münchner Paradox: Wer von außen kommt, will gar zu gern dazugehören, und wer dazugehört, dem ist es gern mal wurscht. Zumindest galt dies lange Zeit, bedarf aber in Zeiten von Globalisierung und Zweitwohnungsbiografien (»... lebt in New York und München ...«) vielleicht einer Neubewertung. Dabei könnte man zwischen geborenen und echten Münchnern unterscheiden: Die hier Geborenen machen allerdings gerade mal ein Drittel der Bevölkerung aus – wie übrigens schon Ende des 19. Jahrhunderts, und über die »echten« Münchner führt niemand Statistik. Laut Florian Dering, dem stellvertretenden Direktor des Stadtmuseums, dessen Dauerausstellung »Typisch München« ein Tipp für Einwohner jeglicher Herkunft ist, lassen die sich in vier Kategorien einteilen: in Kosmopoliten und Originale, Selbstdarsteller und Liebenswerte.

Einer, der bis auf den Weltbürger alles verkörperte und dazu noch im Stadtteil Neuhausen auf die Welt kam, war

Helmut Fischer (1926–1997). Als Monaco Franze und »ewiger Stenz« prägte er das Münchenbild der TV-Nation, perfekt in Szene gesetzt von Helmut Dietl (1944–2015). Auch der ein Original, auf den die oben erwähnte Wurschtigkeit passt, was dem Regisseur und Drehbuchautor vielleicht genau jene Lufthohheit gab, das Lebensgefühl in der gebotenen Bissigkeit bloßzustellen. Voll auf Wirkung gestylt, aber auch um Achtsamkeit und Weltfrieden bemüht, vereint der Isar-Indianer Willy Michl alle vier Prototypen in seinem mächtigen Giesinger Arapahoe-Leib und verschmilzt sie seit 30 Jahren in seinem Song »Isarflimmern«. Deutlich weniger ums An- und Aussehen bedacht gilt Beppi Bachmaier als Inbegriff der Liebenswürdigkeit. Über 40 Jahre leitet das sogenannte Urgestein, seit Hippietagen ein Freund des Tollwood-Gründers Uwe Kleinschmidt, das Wirtshaus und Theater »Fraunhofer«. Beppis Auftritt als Wiesn-Wirt im Herzkasperlzelt ist dagegen relativ jung und doch schon legendär, weil hier die Oide Wiesn Institution wurde. Dass man sich das Herz dieser Weltstadt nicht kaufen kann, erlebt dagegen Alfons Schuhbeck. Der Traunsteiner nahm über Waging am See Anlauf auf die Landeshauptstadt und hat mit Spiegelzelt, als Fleischwurstbewerber und rund ums »Hofbräuhaus« eine fast beängstigende Präsenz erreicht – den Touristen am Platzl fällt's nicht auf. Alle anderen schauen weg und gehen lieber gleich ins »Schumann's«, nur Charles dem Großen verzeiht man den Apostroph im Schriftzug. Bar und Keeper, zuweilen organisch verwachsen, wirken weltläufig und sind gleichermaßen Bühne und Beispiel für Understatement wie für die Selbstdarstellung – das ist auch eine Kunst.

Das echteste Original aber war wohl der Ursendlinger Autor und Journalist Sigi Sommer (1914–1996), der in der Kolumne »Blasius, der Spaziergänger« München und Münchner sah und sezierte wie kein zweiter: »Sigi Sommer ist der letzte Mann gewesen, der unserer Stadt den Schmelz erhalten hat«, sagt über ihn Michael Graeter, selbst eine Journalistenlegende.

*

61

Planetarium und Co.:

Der Himmel auf Erden

Vermutlich trägt in einer eher abgehobenen Stadt wie München (die Preise, die Mieten, der Chic, das Selbstbewusstsein) nichts so sehr zur Erdung bei wie ein Spaziergang entlang des Planetenwegs. Ein Schritt in München bedeutet eine Million Kilometer im Weltall – das relativiert die 4,5-Kilometer-Strecke auch für den wanderunlustigen Nachwuchs. Startpunkt ist der goldene Sonnenball im Innenhof des Deutschen Museums, der Zwergplanet Pluto liegt beim Tierpark Hellabrunn. Und während im Sonnensystem den Fixstern und seine acht Planeten fast sechs Milliarden Kilometer eiskalte Finsternis trennen, sind es auf der Erde höchstens anderthalb Stunden unter schönstem Baumschatten an der grün plätschernden Isar.

Den Blick auf 3500 Himmelskörper hätte man vom Deutschen Museum aus – theoretisch, wenn ganz München mal das Licht ausmachen würde! So aber, mit Licht- und Luftverschmutzung, bleibt dem Betrachter nur ein Bruchteil des Sternenzelts. Das Planetarium jedoch präsentiert die optimale Sicht ins Sonnensystem, auf das Universum in 13,7 Milliarden Jahren Entfernung. Ein Lichtfaser-Sternenprojektor zaubert das Weltall auf die Projektionskuppel von 15 Metern Durchmesser – jeden Mittag um 12 Uhr. Worin der Unterschied zwischen Refraktor und Reflektor liegt, veranschaulichen Ost- und Westkuppel des Deutschen Museums. Führungen bei Tag und bei Nacht machen mit den Geräten der Firmen Görz und Zeiss vertraut, die selbst schon museumswürdig sind, aber einwandfreie Weltraumsicht bieten.

62

»Poschi«:

Neu aufgebaut und doch zerstört: die Villa der Familie Mann

Bogenhausen ist diskret, grün und wohlhabend wie immer, Vogelgezwitscher übertönt fernen Straßenlärm, und die Isar strömt gleich unterhalb der Poschinger Straße vorbei. Das letzte Haus vorm Ufer wirkt vertraut und sieht doch ganz anders aus als die Villa, die sich Thomas und Katia Mann hier vor gut hundert Jahren bauen ließen, um der wachsenden Kinderschar ein Zuhause zu geben. Von Januar 1914 an lebten die Manns in der »Poschi«, und der Buddenbrook-Autor schrieb im halbrunden Erker den *Zauberberg* und die ersten beiden *Joseph* Romane. Der Anruf des Nobelpreiskomitees erreichte Thomas Mann 1929 in der Poschinger Straße, während ihn vermutlich schon böse Vorahnungen beschlichen, wie es mit Deutschland wohl weitergehen würde. Keine vier Jahre später war der Schrecken Wirklichkeit, und die Manns kehrten von einer Vortragsreise nicht wieder zurück nach München. Ihre »Poschi« wurde enteignet und für zwei Jahre sogar als Fortpflanzungsfabrik des »Lebensborns« genutzt, die Möbel wurden versteigert und die Manns um »Herd, Heim und Habe« gebracht.

Nach dem Zweiten Weltkrieg stattete Klaus Mann dem beschädigten Elternhaus einen Besuch ab und schrieb seinem Vater von den »zerborstenen Stufen« und dem »Fliederstrauch traumferner Frühlingsnächte«. Der Freistaat gab kurz darauf dem Dichter sein Haus zurück, in der Hoffnung, er kehre heim, doch Thomas Mann wollte nicht. Ein Einzug wäre auch nicht ganz leicht gewesen: Bogenhausen diente in der Nachkriegszeit als eine Art Auffangstation für 20000 Osteuropäer, in der »Poschi« sollen 50 Menschen gehaust haben, mit Schweinen auf dem Dachboden und einem Pferd im Keller. Thomas Mann verkaufte das Grundstück – und damals wie genau 50 Jahre später ließ die Stadt die Gelegenheit verstreichen, den literaturhistorisch wertvollen Ort zu erwerben, so, als habe man immer noch Schwierigkeiten, dem protestantischen Norddeutschen einen Platz im Stadtleben zu geben.

Stattdessen steht heute ein Privathaus anstelle der »Poschi« und wirkt wie eine Filmkulisse, die die »architektonische Anmutung aufgreift«, so sagt es Dr. Andreas Heusler vom Stadtarchiv. Die zauberhafte Atmosphäre aber ist dahin, daran ändert auch der originalgetreu verkleinerte Nachbau nichts, den Deutschlands Goldman-Sachs-Chef Alexander Dibelius seit 2005 bewohnt.
Ein echtes Stück aus dem Hause Mann aber hat Krieg und Lebensborn überstanden: der ausgestopfte sibirische Braunbär, der eine Schale für die Visitenkarten der Besucher hielt, das Familienmaskottchen noch aus Lübecker Zeit. Heute steht er im dritten Obergeschoss des fantastischen Literaturhauses am Salvatorplatz und erinnert Eingeweihte an die Münchner Zeit der Manns.

63

Privattheater:

Ob Klassiker oder Krimi: Das Spektrum ist groß

Zur Ouvertüre ein Abgesang: die Tambosi-Oper gibt es nicht mehr, denn der Pachtvertrag des Restaurants am Odeonsplatz lief Ende 2016 aus. Die Tambosi-Oper bot jungen Gesangstalenten ein Vortrags-Forum, die bekannte Arien zum Besten gaben. Das Publikum saß dabei an einer langen Tafel unter den Arkaden zum Hofgarten, lauschte und verspeiste ein Viergangmenü. Nun verschwindet vermutlich damit auch das schöne Genre der Spaghetti-Oper.

Klassik und Klassiker dagegen sind Dauerbrenner: Seit mehr als 25 Jahren bringt Gunnar Petersen antike und klassische Stoffe im weinumrankten Innenhof der Glyptothek zur Aufführung, dem lauschigsten Spielort in der ganzen Stadt, Welten entfernt vom Verkehr der Brienner Straße und dem Königsplatz. Im moderaten Kartenpreis sind Wasser, Wein und Brot enthalten, die Spielzeit dauert zehn Wochen, von Juli bis September. Der Liebling für alles Junge und Gewagte ist das Metropoltheater in Freimann. Zum Ehrgeiz des Ensembles gehört es, möglichst viele Uraufführungen und Stadtpremieren zu zeigen – am liebsten im originalgetreuen 1950er-Jahre-Bau in der Floriansmühlstraße, aber auch auf Tourneen. Im Foyer und dem Metropol-Café entspannen sich oft interessante Gespräche zu den aufrüttelnden Stücken – ob zu Variationen über Kafka, Ariane Mnouchkines Flüchtlingsepos »Die letzte Karawanserei« oder über Friedrich Anis Stück »Terror«. Schon mehrfach als bestes Off-Theater im deutschsprachigen Raum nominiert und mit dem Bayerischen Theaterpreis ausgezeichnet, ist das Metropoltheater seit seiner ersten Inszenierung (Tom Waits' Musical »The Black Rider«) eine sichere Bank für Überraschungen.

Dem Gesetz des Whodunnit hat sich das Blutenburg-Theater verschrieben, eine der seltenen Krimibühnen in Deutschland. Jährlich stehen drei Mordstücke auf dem Plan, gern Klassiker von Agatha Christie und Edgar Wallace, aber auch Gänsehaut-Erzeuger neueren Datums wie »Der Tag, an dem der Papst gekidnappt wurde« von Joao Bethencourt oder »Extremities« des Amerikaners William Mastrosimone – alle säuberlich aufgelistet im »Vorstrafenregister« auf der Webseite. Der schaurig-schöne Theatername rührt übrigens vom Jagdschlösschen Blutenburg und der nach ihm benannten Straße.

Nicht unter Platzangst leiden dürfen die 45 Besucher des Theaters »Blaue Maus«. Zu Münchens kleinster Bühne führt eine Wendeltreppe in den Keller – dort gibt es dann Revuen und Collagen aus Prosa und Gedichten, gern ein bisschen Dada; kleine Form eben, passend zum Rahmen.

Eingedenk der Zahl von fast 50 privat betriebenen Theatern in München können die genannten Bühnen nur einen Vorgeschmack geben. Die Auswahl wäre aber gänzlich unvollständig, ohne zwei Spielstätten für Kinder zu erwähnen. Das »Theater für Kinder« in der Dachauer Straße inszeniert der heiklen finanziellen Lage zum Trotz unverdrossen Klassiker wie »Das Dschungelbuch« oder Hauff-Märchen, und das Münchner Marionettentheater ist eine Institution als älteste stationäre Marionettenbühne Deutschlands.

64

Radeln:

Das sportliche Erbe Christian Udes

Es ist noch gar nicht so lange her, da fühlten sich Radfahrer in München einer seltenen Spezies zugehörig – kritisch beäugt, gern belächelt und immer vom Aussterben bedroht, denn: Alle Welt fuhr Auto oder höchstens mit dem MVV. Das hat sich geändert! Fahrräder zählen hier seit ein paar Jahren zu den ernst genommenen Verkehrsmitteln, und ihre Benutzer geben Beispiele urbaner Lässigkeit. Fiel 2002 nur ein Anteil von zehn Prozent am Straßenverkehr auf das Radl, hat sich der Wert heute beinahe verdoppelt. 63 Prozent der Münchner erklimmen täglich oder mehrmals pro Woche den Sattel, die Hälfte erledigt Einkäufe mit dem Rad, ein Drittel nutzt es, um zur Arbeit zu gelangen.

Christian Ude, mehr als 20 Jahre Münchner Oberbürgermeister, begeisterter Radfahrer und Autor der Kolumne »Der rote Radler«, wird's freuen. Es ist sicher ein Verdienst des Alt-OB, seine faulen Münchner Mitbürger fürs freie Strampeln gewonnen zu haben; den Rest hat die stetig anschwellende Staugefahr erledigt. Vom unverdrossenen Ude konnte man zeitweise den Eindruck gewinnen, der Fahrradhelm gehöre zu seiner Dienstkleidung wie der Gesichtsausdruck kindlicher Freude darunter.

Fast 60 Fahrradstraßen gibt es derzeit in München, viele Einbahnstraßen dürfen Radfahrer in beide Richtungen nutzen. Für Neubürger bietet die selbsterklärte Radlhauptstadt Willkommensradtouren, Sicherheitschecks und Flohmärkte an, 1200 Mietfahrräder an 125 Stationen erlauben die Dauer- oder Spontannutzung. Das städtische Wegenetz umfasst derzeit 1200 Kilometer, 14 Routen führen vom Stadtrand ins Zentrum. Lieblingskind beim zuständigen Baureferat ist aktuell die Radlstammstrecke entlang der S-Bahn-Gleise Hauptbahnhof–Laim–Pasing.

Vor allem das südliche Umland, aber auch die flachen Regionen um Erding und Freising oder die hügeligeren Landkreise Fürstenfeldbruck, Ebersberg und Dachau eignen sich bestens für Radtouren. Der Münchner Verkehrsverbund hat 29 Touren zusammengestellt, die an S-Bahn-Stationen beginnen und enden (Preis fürs Bike-Tagesticket: 2,50 Euro in der Stadt, 4,50 Euro bayernweit). Wahre Klassiker sind die 52 Kilometer lange Umrundung des Starnberger Sees und der schöne Isarradweg bis nach Lenggries, immer die Berge im Blick.

65

Residenz:

Ein riesiges Stadtschloss, das kaum einer kennt

Es soll Münchner geben, die noch nie in ihrem Leben in der Residenz waren. Über die Gründe lässt sich nur spekulieren: vielleicht die Unkenntnis der dort gehüteten Schätze, vielleicht der Unwille, sich in den Touristenstrom zu reihen. Womöglich aber auch jene Aufschieberitis, die einen auf fernere, bessere Gelegenheiten warten lässt. Wie auch immer, von der Residenz zu wissen und sie nicht anzusehen, ist beinahe unverzeihlich.

Seit die Wittelsbacher ab 1385 hierher ihren Lebensmittelpunkt verlagerten, weil der Alte Hof zu klein und unsicher geworden war, ist die Residenz zu Deutschlands größtem Stadtschloss herangewachsen. Fast jede Herrschergeneration fügte neue Räume, Höfe oder wenigstens Details hinzu, manche suchten nach repräsentativer Pracht, manche begeisterten sich für Miniaturkunst, etwa haarfein geschnitzte Betnüsse.

Albrecht V. ließ um 1570 das Antiquarium für seine Antikensammlung bauen, den größten Renaissancesaal nördlich der Alpen. Fast 70 Meter lang erstreckt sich der älteste erhaltene Raum der Residenz schummerig-beseelt unter dem bemalten Tonnengewölbe – ein seltener Schauplatz von Staatsbanketten. Wie ein Ort prallsten Lebens wirkt dagegen die Grüne Galerie. Auf ihrem blanken Parkett drehten sich unter Kurfürst Karl Albrecht bei Festen die Paare, während die vielen Spiegel und goldenen Bilderrahmen das Kerzenlicht der Kronleuchter hundertfach zurückwarfen. Spieltische an den Wänden und wertvollste Porzellanservice unter Glas geben einen Abglanz höfischer Geselligkeit. Anderen Herrschern lag jeder Pomp fern – sie erfreuten sich an Kinderschar und Hausmusik: Die Hofgarten- und Charlottenzimmer zeigen jene private Seite der Mächtigen am Beginn des Biedermeier-Jahrhunderts.

Auf insgesamt 147 Räume wuchs die Prachtentfaltung der Wittelsbacher an – doch geht es nur am Rande um ihre Dynastie. Das wird nirgends so deutlich wie ausgerechnet in der Ahnengalerie. Die zeigt das alte Herrschergeschlecht in seiner ganzen menschlichen Unzulänglichkeit: mit kahlen Schädeln und Doppelkinnen, Hängeschultern und Alabasterblässe. Der künstlerische Rahmen ist dagegen perfekt: Joseph Effner und François de Cuvilliés konzipierten den Raum, Johann Baptist Zimmermann sorgte für die Stuckaturen, ein böhmischer Meister namens Mirowsky schuf die vergoldeten Schnitzereien. Die Reiche Kapelle schmückten Handwerker mit Stuckmarmorintarsien aus, ein chinesischer Könner zauberte winzige Landszenen auf einen Lack-Paravent der Ostasiatischen Porzellansammlung. Einer der unfassbarsten Schätze der fast 23 000 Quadratmeter großen Residenz misst nur einen halben Meter: die Statuette des Sankt Georg, wie er zum letzten Hieb auf den Drachen ansetzt, aus Gold und Silber, über und über mit Edelsteinen besetzt. Durch das Scharnier des winzigen Ritterhelms scheinen im Gesicht des heiligen Georg die Züge von Wilhelm V., dem Stifter.

An Herbst- und Winterwochenenden hält sich der Menschenandrang in der Residenz sehr in Grenzen, und man kann sich für Momente fast selbst wie ein Wittelsbacher Höfling fühlen.

66

Revoluzzer und Revolutionen:

München und der Aufstand

Der Bayer in seiner besonderen Ausprägungsform des Münchners gilt nicht als besonders umstürzlerisch – vielleicht, weil er die Obrigkeit gern in Ruhe lässt, solange sie ihn nicht stört; vielleicht, weil ein gewisses Maß an Renitenz seinem Charakter schon beigegeben ist. Es wird zwar gern gegrantelt, aber bevor der Münchner seine gemütliche Grundhaltung aufgibt, muss viel passieren. Wenn etwa ein Pfalzgraf daherkommt, mit der bayerischen Regentschaft durch Erbschaft zwangsbeglückt, und will das ganze Kurfürstentum gegen die Österreichischen Niederlande tauschen, kann er schon mal aus der Lederhose fahren: das heutige Belgien und Luxemburg gegen Alpen und Residenzstadt! Da half es auch nicht, dass Kurfürst Karl Theodor Ende des 18. Jahrhunderts den Englischen Garten anlegen ließ und für die Bevölkerung freigab.

Man wünschte ihn ins ferne Mannheim zurück und rächt sich bis heute sehr subtil, indem immer nur vom »Stachus« die Rede ist, nie aber vom nach Karl Theodor benannten Karlsplatz.

Kam dem Kurfürsten bereits seine falsche Herkunft aus »Norddeutschland« in die Quere, war es beim echten Bayern Ludwig I. gut 50 Jahre später eine Frau. Alles haben die Münchner ihrem König verziehen, seine Bauwut, seine Eitelkeit, seine Lust an der Verschwendung (Wittelsbacher), selbst seine Vorliebe für den Niedersachsen Leo von Klenze, aber dass er eine Zigarren rauchende irische Halbweltdame zur »Gräfin Landsberg« adelte, ihr ein Palais in der Barer Straße kaufte, sie erst auf Druck des Stadtrats ausbürgerte und drei Tage später wieder heimlich empfing, war dann doch zu viel. König Ludwig I. stürzte über die Lola-Montez-Affäre. Nicht etwa die Märzrevolution und ihre Forderungen nach mehr bürgerlicher Freiheit entmachteten den König 1848, sondern eine Frauengeschichte – das sagt auch manches über die Haltung der Münchner zur Politik aus.

Vielleicht sollte darum auch nicht von Revolutionären geredet werden, sondern von Revoluzzern, frei nach Erich Mühsam. Der hatte sich 1907 über das zaghafte Verhältnis zum Umsturz lustig gemacht: »War einmal ein Revoluzzer/Im Zivilstand Lampenputzer ...«. Mühsam meinte die Sozialdemokratie, die zwölf Jahre später in Gestalt des Ministerpräsidenten Johannes Hoffmann während der kurzen Zeit der Münchner Räterepublik nach Bamberg floh. Wahrscheinlich war dieser April 1919 die »revolutionärste« Zeit, die die Residenzstadt je erlebte – aber sie endete schnell und blutig. Gustav Landauer und rund 600 Anhänger verloren ihr Leben, Erich Mühsam erhielt eine 15-jährige Zuchthausstrafe. Am 1. Dezember, gut ein Jahr nach Kriegsende und Ausrufung des »Freistaats« Bayern, wurde der Kriegszustand aufgehoben, und die »Lampenputzer« konnten sich wieder ihrer eigentlichen Aufgabe widmen. An Erich Mühsam, den liebenswerten Anarchisten, erinnert ein kleiner Platz in Schwabing – an dem keine einzige Hausnummer liegt.

Bis in München aus umstürzlerischen Motiven wieder ähnlich viele Menschen durch die Straße zogen wie nach dem Ersten Weltkrieg, vergingen fast 50 Jahre: Im Juni 1962 lieferten sich 40 000 junge Leute vier Tage lang Prügeleien mit der Polizei, weil die mit Schlagstöcken gegen Straßenmusikanten vorgegangen war. Ob die sogenannten Schwabinger Krawalle Vorboten der 1968er-Proteste waren, bezweifelt die Fachwelt. Unstrittig ist aber, dass sie den blutjungen Andreas Baader radikalisierten.

Die jüngste Revolution erlebte München 1995 – und hätten mehr Menschen auf den Marienplatz gepasst, es wäre locker noch voller geworden an diesem 12. Mai. Denn es ging ums Eingemachte, ums Bier, und um die Zeiten, zu denen man es im Biergarten genießen darf. Auf 21.30 Uhr sollte die Sperrstunde festgesetzt werden, zum Lärmschutz der Anwohner. Was vielleicht nicht allen »Revolutionären« klar war: Es ging nicht um Biergärten auf Münchner Stadtgebiet, die bis 1 Uhr ausschenken durften und dürfen, sondern um die Waldwirtschaft in der Gemeinde Pullach. Aber egal, beim Grundnahrungsmittel Bier gilt das Prinzip Solidarität! Auch die Lösung des Konflikts ist sehr bayerisch: Als die Anwohner in letzter Instanz vor dem Bundesverwaltungsgericht Erfolg hatten, änderte die Staatsregierung flugs die Biergartenverordnung. Seitdem beginnt die Sperrstunde in Landkreisgemeinden um 23 Uhr. Dass sie lieber die Finger vom Bier lassen sollten, hätten sich die bayerischen Bestimmer schon vorher denken können. Die Bierpreiserhöhung um einen Pfennig hatte im März 1844 einen Sturm der Entrüstung entfacht, Münchner Bürger hieben in mehreren Brauereien alles kurz und klein, und das Militär verweigerte ein Eingreifen. Nach nur vier Tagen wurde die Erhöhung zurückgenommen – vermutlich die erfolgreichste Revolte in der Stadtgeschichte.

*

67

Rooftop-Bars:

Wo man der Stadt aufs Dach steigen kann

Die Luft ist lau, die Atmosphäre prickelnd, und sattgelb hängt der Vollmond über der Stadtsilhouette: ideale Voraussetzungen für die Luna-Party auf dem Dach des »Bayerischen Hofs«. Die findet das ganze Jahr hindurch auf der »Blue Spa Terrasse« des umsatzstärksten deutschen Hotels statt, aber eben nur einmal im Monat unter diesem Motto. Früh einzuchecken lohnt sich hier: Zwischen 18 und 19 Uhr kostet es keinen Eintritt. Anders als es das First-Class-Ambiente befürchten lässt, kommt schön gemischtes Publikum, um den Erdtrabanten anzuhimmeln und einen Cocktail zum Preis einer kleineren Mondmission zu trinken.

Exklusivität ist auch der Schlüssel im »China Moon«, dem Dachrestaurant im Hotel »Mandarin Oriental« mit asiatisch-arabisch-mediterraner Küche. Über der Neuturmstraße bietet sich aus weichen orangenen Polstern ein bezaubernder Blick auf die Stadt – jedoch nur während der Sommermonate oder als Hotelgast; dann ist die Poolnutzung inbegriffen. Asiatische Anleihen nimmt auch das »Hotel Louis« sechs Stockwerke überm Viktualienmarkt. Auf seiner Dachterrasse hoffen bis zu 44 Gäste mittags auf Sushi & Sunshine und erwarten abends in der japanischen »Emiko-Bar« Cocktails mit Ingwer, Thaibasilikum, Zitronengras oder anderen überraschenden Kombinationen (vorher an der Hotel-Rezeption anmelden). Eine andere Geschmacksrichtung bedient das Restaurant »The Grill« im Künstlerhaus am Lenbachplatz: Hier geht es meist deftig-fleischig zu, mit einem Salat fürs gute Gewissen. 100 Plätze bietet der Freisitz zum Innenhof.

Lufthoheit überm Establishment verspricht dagegen die »Flushing Meadows Bar« in der Fraunhoferstraße. Das Lofthotel in den oberen zwei Etagen eines ehemaligen Industriebaus ist isarnah und urban, Drinks wie »Wanderlust sour« oder »Herzogstein« legen Bergklischees auf Eis. Fast ein Nachbar des »Flushing Meadows« im Glockenbachviertel ist übrigens die »Deutsche Eiche«, gleichfalls mit toller Terrasse und ganz anderen Perspektiven. Nicht direkt auf dem Dach, dafür aber on top bietet das Drehrestaurant im Olympiaturm Brunchs, Dinner und Sunset-Menüs – auf 181 Metern über Stadtniveau, der 360-Grad-Blick ist im Spitzenpreis enthalten.

Geht also Dachparty nur auf (Nobel-)hotels und -türmen? Keineswegs, das Café im Vorhoelzer Forum der Technischen Universität liefert den Gegenbeweis. Auf die Beine gestellt von den Studenten der Fakultät für Architektur und einem privaten Betreiber gibt es hier zum Münchenblick ein 1A-Frühstücksbuffet mit All-you-can-eat-Modus, für Studenten billiger. Das sorgt sonntags ab 9 Uhr für Schlangen am Tresen, und am Abend kann's zum Sundowner gemütlich eng werden – im Hochsommer bis 23 Uhr, im Winter bis 21 Uhr. Der neueste Tipp zum Thema Rooftop sind die Planken des Ausflugsschiffs »MS Utting«, das aufgebockt auf der alten Sendlinger Großmarktbrücke steht. Hier soll im Frühsommer 2017 eine alternative Kulturbühne einziehen. Und auch die Dachterrasse der »Augustiner-Bräustuben« an der Landsberger Straße gibt sich preislich zivil und volkstümlich. Selbst der Vollmond schaut regelmäßig vorbei!

68

Sankt Anna im Lehel:

Altbayerns erste Rokokokirche, heute umschwärmt

Manche mögen den Himmel der Bayern im Festzelt auf dem Oktoberfest suchen, andere finden ihn in der Klosterkirche St. Anna. Schöner kann ein Deckenfresko den Besucher kaum über die Wolken heben, hellblau und golden strahlt der Himmel, bevölkert von Engeln und ehrwürdig wirkenden Menschen, beschallt von Harfen- und Geigenspielern. Die Auffahrt der heiligen Anna ist das Motiv, das Cosmas Damian Asam 1730 wählte, um den außergewöhnlichen Bau von Johann Michael Fischer zu schmücken. Sein Rokoko fällt aus der Reihe, weil er nicht längs- oder zentral geformt ist, sondern ein Oval bildet. Wie ein Rahmen umschlingt der Stuck die Kapellen, alles scheint aufeinander bezogen. Egid Quirin Asam und Johann Baptist Straub steuerten Figuren, das Tabernakel und die Kanzel bei. Kein rechter Winkel durchschneidet den Raum. Fischers Frühwerk, die erste Rokokokirche Münchens, machte Schule und diente vielen Nachfolgebauten als Vorbild, etwa der Stiftskirche in Dießen am Ammersee oder der berühmten »Wies« bei Steingaden.

Zur Entstehungszeit von St. Anna um 1730 galt die älteste Münchner Vorstadt, das »Lechel«, wie es richtig ausgesprochen heißt, als überfüllt und versumpft, von nicht weniger als zwölf Isararmen durchflossen. Wer sich das Wohnen in der Stadt nicht leisten konnte, hauste im Lehel, und da sich jeden Abend die Stadttore vor den Hungerleidern schlossen, musste eine eigene Seelsorge her. Die Hieronymiten übernahmen bis zur Säkularisation, seit 1827 betreiben Franziskaner das angeschlossene Kloster. Sowohl das Deckenfresko von St. Anna als auch die Fassade sind Rekonstruktionen der 1944 zerstörten Kirche. Münchens Wiederaufbau-Spezialist Erwin Schleich (1925–1991) kümmerte sich um die äußere Erscheinung von St. Anna, der Kirchenmaler Karl Manninger erweckte Asams Fresken zu neuem Leben.

Die Sache mit dem Armeleuteviertel hat sich längst erledigt: Der Bezirk Altstadt-Lehel schneidet im Boulevardzeitungs-Vergleich immer mit Bestnoten ab. Wer je auf den Stufen der historistischen Pfarrkirche St. Anna gesessen (sie steht gegenüber der Klosterkirche), auf das pausenhofbunte Treiben ringsum und die fast dörfliche Idylle geblickt hat, weiß warum.

69

Schäffler und Schäfflertanz:

Hoffnung in Pestzeiten

Eine der schönen Eigenschaften des Aberglaubens ist, dass er sich nicht beweisen muss. Die Menschen glauben seinen Lehren, weil sie es wollen, da kann sich die Geschichtswissenschaft auf den Kopf stellen. Ein feines Beispiel für hartnäckigen Aberglauben geben die Schäffler, die Fassmacher. Sie waren angeblich resistent gegen die Pest, die in mehreren Wellen wütete: 1462/1463, 1515, 1517 und zuletzt 1643 – da sollen mehr als 12 000 Münchner gestorben sein, das entsprach etwa zwei Dritteln der gesamten Einwohner. Oder waren es 15000? Wer weiß das schon so genau? Damit ist ein Kernproblem berührt, denn selbst die Pest von 1517 lässt sich historisch nicht belegen. Sie ist aber höchst wichtig, denn – hier kommt der Aberglauben ins Spiel – auf ihr ruht der Gründungsmythos des Schäfflertanzes.

Als die Krankheit das Stadtleben vollkommen im Griff hatte, die Menschen in ihren Häusern festsaßen und versuchten, sich das Bakterium *Yersinia pestis* mit Essigwasser, Wacholderfeuern und Asche vom Leibe zu halten, sann ein Münchner Fassmacher auf Abhilfe. Er sammelte Zunftfreunde und Metzger um sich, ließ sie ihre Instrumente und Reifen mitbringen und führte einen Musikantenzug durch die verlassenen Straßen. Bleich und verängstigt wagten sich die ersten Leute aufs Pflaster, immer mehr schlossen sich an, sogen die frische Luft ein und begrüßten Nachbarn und Totgeglaubte. Vom Haus des »Himmelsschäfflers« am Färbergraben 20 aus zog die Menge durch die Stadt und endete vermutlich am Marienplatz, um dort dem Rundtanz der Schäffler zuzusehen. Zum Zeichen, dass Luft und Wasser nun rein seien, sprangen die übermütigen Metzgerburschen in den Fischbrunnen. Die Menschen schöpften Hoffnung und machten sich wieder an die Arbeit, die Pest schien besiegt, und die Tradition des Schäfflertanzes war geboren.

Ein Brief an den Magistrat belegt, dass es bis 1702 dauerte, ehe man den Tanz behördlich anerkannte. Er sollte sozusagen präventiv wirken und die angeblich alle sieben Jahre drohende Pesterkrankung bannen. Zunächst scheint es mit dem Zählen nicht so ganz geklappt zu haben, denn Festtänze sind für die Jahre 1730, 1746 und 1749 belegt. Elf Jahre später haben sich der Rhythmus und vermutlich etliche der Tanzfiguren unterm grünen Buchsbogen etabliert. Bis heute treten Tänzer und Chargen, so heißen die Schäffler-Chefs, in roten Jacken, weißen Westen und schwarzen Hosen auf, begleitet von zwei Kasperln im bunten Rautengewand. Der nächste Termin fällt auf die Faschingssaison 2019 – ein Jahr, das man sich vormerken sollte, weil dann auch der turnusmäßige Metzgersprung stattfindet, wenn auch erst im September.

Und wer's verpasst hat, kann am Rathaus nachschauen und zuhören: Jeden Tag um 11 und um 12 Uhr, im Sommer auch um 17 Uhr, zeigt und spielt das Glockenspiel den Schäfflertanz.

70

Schlitten:

Winterfreuden für Kind und König

Wer denkt, das Leben bei Hofe müsse der reinste Müßiggang in einer täglichen Routine zwischen zu viel Garderobe und zu üppigen Mahlzeiten gewesen sein, der irrt. Im Winter etwa mutete der junge Kurfürst Max Emanuel seinen Untergebenen regelmäßig wahre Torturen zu, gehörten doch die Jagd, das Spiel und die nächtlichen Schlittenfahrten zu seinen bevorzugten Beschäftigungen. Selbst am Rosenmontag des Jahres 1684 schreckte »der blaue Kurfürst« vor einer Ausfahrt nicht zurück und nötigte seinen hochadligen Gast, Prinz Eugen von Savoyen, in die Eiseskälte. Wahrscheinlich wollte Max Emanuel ein bisschen mit seinem neuen Rennschlitten prahlen: Den Sitzkasten in Form einer schuppigen Hydra führt ein asketischer Herkules als Galionsfigur an, eine Anspielung auf den Sieg über die Osmanen vor Wien, an dem Max Emanuel beteiligt war. Im Schlitten steuerte der wilde Kurfürst sich und seine aktuelle Favoritin eigenhändig durch Schnee und Eis. Ganz preiswert war die Anschaffung des teilweise vergoldeten und mit Blattsilber verkleideten Gefährts wohl nicht, aber das fiel bei den 26 Millionen Gulden, die Max

Emanuel bei seinem Tod 1726 dem Volk als Schulden hinterließ, nicht sonderlich ins Gewicht. Heute steht der Herkulesschlitten, kürzlich in 1000 Arbeitsstunden restauriert, als ältestes Exponat im Marstall von Schloss Nymphenburg – ein Museumsstück.

Die aktiven Rodelschlitten der Stadt finden bei entsprechender Schneelage erstaunlich viele Hänge vor: den längsten und steilsten am Olympiaberg, andere in der Aubinger Lohe, am Maxlberg, im Ost- und im Westpark, am Fröttmaninger Berg und am Schuttberg im Luitpoldpark. Sanfte Abfahrten für kleine Rodler gibt es bei der Bavaria, im Hirschgarten und am Monopteros. Letzterer gilt übrigens als erster Skihang Bayerns.

Und die anderen Münchner »Schlitten«? Werden meist erst dann aus der Garage geholt, wenn die letzte Flocke getaut ist. Etwa 1200 Autos fahren durch die Stadt, die eine Spitzengeschwindigkeit von 300 Stundenkilometer erreichen können. Das beliebteste Modell ist der Porsche 911, und er parkt zumeist im noblen Bogenhausen. Noch zwei weitere Werte verrät das Statistische Amt: Der durchschnittliche Rennschlittenbesitzer ist 48 Jahre alt und männlich. Übrigens trug Max Emanuel den Titel »der blaue Kurfürst« nicht etwa, weil er alkoholisiert am Steuer gesessen hätte, sondern wegen seiner blauen Uniform.

»Ein Dorf,
in dem Paläste
stehen.«

Heinrich Heine
(1797–1856)

71

Schnäppchen:

Wo und wann die teure Stadt auch mal richtig günstig ist

Manche Begriffspaare vertragen sich einfach nicht: München und sparen zum Beispiel. Wenig Geld in der Tasche zu haben, ist eine ganz schlechte Ausgangsbasis in einer Stadt, in der schon der Eintritt ins Freibad 4,40 Euro kostet und die Mass Bier um 10 Euro. Andererseits bereichern weder Freibad noch Bierkonsum die Persönlichkeit – im Gegensatz zu einem Museumsbesuch. Die erfreuliche Nachricht: Die Normaltarife hier halten sich wirklich im Rahmen, und dazu gibt es eine Stange von Ermäßigungen. Sonntags kostet der Museumseintritt häufig nur einen Euro, am »blauen« Allianz-Tag sponsort das Versicherungsunternehmen den Bildungsgang in die Pinakothek der Moderne, und solange in der Alten Pinakothek saniert wird, reduziert sich der Ticketpreis dort um die Hälfte. Kinder und Jugendliche unter 18 Jahren zahlen ohnehin kaum Eintritt: Das gilt für das bei Familien beliebte Museum Mensch und Natur wie fürs Lenbachhaus, das NS-Dokumentationszentrum und weitere 18 Häuser.

Wenn wirklich am Monatsende der familiäre Kulturetat aufgebraucht ist, empfehlen sich Museen, die gar keinen Eintritt verlangen. Davon gibt es gar nicht so wenige, allerdings muss man vielleicht mehr Interesse am Ausgefallenen mitbringen und etwa ins Museum für Abgüsse Klassischer Bildwerke gehen, ins Kartoffelmuseum oder in die Bayerische Staatsbibliothek (Innovationen). Zurückhaltend mit den Preisforderungen sind auch alle, die noch üben müssen: Die Musikstudenten, die für den Richard-Strauss-Wettbewerb im Großen Konzertsaal der Uni proben, wie die Philharmoniker bei ihren Generalproben im Gasteig geben viel Klang zum kleinen Preis zum Besten.

Selbst beim Thema Shoppen sind Schnäppchen möglich. Outlets von Aigner bis Triumph und von Bogner bis Stierblut bieten erhebliche Reduzierungen. An einem von 365 Tagen können es schließlich auch Sparfüchse mal krachen lassen: An ihrem Geburtstag kommen sie kostenlos in den Tierpark Hellabrunn, in die Bavaria Filmstadt oder auf den Olympiaturm.

72

Schöne Münchnerin:

Julia, Helene und andere Herzdamen

Ludwig I. war kein Kostverächter und als König in privilegierter Position: Wer konnte es schon einem Monarchen abschlagen, sich im Porträt verewigen zu lassen? Und so entsprachen 36 attraktive Frauen dem Wunsch des Wittelsbachers und saßen zwischen 1820 und 1850 dem Hofmaler Joseph Karl Stieler Modell für die Schönheitengalerie. Darunter brave Bürgerinnen wie Antonie Wallinger und echte Extravaganzen à la Jane Elizabeth Digby, geschiedene Lady Ellenborough, geschiedene Gräfin Theotokis, verheiratete el Mezrab. Skandalnudeln vom Schlage einer Lola Montez hängen in Schloss Nymphenburg einträchtig neben feinstem Hochadel, Ludwigs jüngste Tochter Alexandra Amalie findet man in Gesellschaft der liebreizenden Handwerkertochter Helene Sedlmayr, auf deren einfache Herkunft die Holzbank im Bildhintergrund deutet. Die kleine Helene brachte das Spielzeug für die Königskinder in die Residenz und erregte des Königs Aufmerksamkeit. Sie gilt als das Inbild der schönen Münchnerin – ein Titel, mit dem sich heute ein Model-Contest, ein Brauchtumsverein, ein Songtitel, mehrere Bücher, eine volkstümliche Komödie und ein Satz Kaffeetassen schmückt.

Dann doch lieber etwas Handfestes, zum Beispiel die anmutige Julia, die am Alten Rathaus steht. In ihrer linken Armbeuge stecken meist Blumen, die andere Hand hält einen Zipfel ihres Kleides, sodass ihre rechte Brust anmutig bloß liegt. Ihren Busen zu berühren bringt jungen Paaren angeblich Glück, aber nur, wenn beide Partner gleichzeitig zugreifen. Der Glaube ans Grapschen scheint jedenfalls populär: Ganz blank gerieben ist die Bronzebrust von Giulietta Capuleti, wie sie richtig heißt; ein Geschenk der Partnerstadt Verona, modelliert von Nereo Costantini (1905–1969) frei nach Shakespeare.

Heute ist die schöne, schmucke Stadt derart voll von schmucken, schönen Frauen (und wo die Jugend fehlt, springt die Staffage ein), dass ein Maler die ganze Residenz mit ihren Porträts füllen könnte. Ob sie aber ähnlich beseelt sind wie Helene Sedlmayr – wer weiß.

*

73

Schwabing:

Kein Wohnort, sondern ein Zustand: »Wahnmoching« zwischen Kunst und Kommune

Sobald ein Stadtteil mehr ist als die Summe seiner Straßen, bietet sich die Bezeichnung Legende an. Schwabing ist eine solche Stadtteil-Legende, es war Wohn- und Schaffensort der wahren, der Möchtegern- und der Lebenskünstler, die Heimat der Boheme und Bürgerschrecke. Das galt zu Zeiten der vorletzten Jahrhundertwende, heute ereifert sich über Rainer Langhans und seinen »Harem« von fünf lebensklugen Frauen kein Mensch mehr – und auch Uschi Obermaier erregte in den 1970er-Jahren weniger Ärgernis denn sexuelle Fantasien.

Eine ihrer Vorkämpferinnen für die weibliche Selbstbestimmung war Franziska zu Reventlow, die zeitweilig Herd und Bett mit zwei Männern teilte. Sie floh aus dem strengen Husumer Elternhaus zunächst in eine Ehe, dann in den Süden. Nach der Scheidung blieb sie in Schwabing, schlug sich mit Übersetzungen und Gelegenheitsschreibereien durch, lieferte Witze für den *Simplicissimus* und verfasste Romane, einer lautet im Untertitel »Meinen Gläubigern zugeeignet«. Sie arbeitete hart, musste alleinerziehend Sohn Rolf durchbringen und zog in 17 Münchner Jahren 26 Mal um. »Schwabing ist kein Ort, sondern ein Zustand«, schrieb die Skandalgräfin über ihr Wahnmoching – »Wahn« stand für die Umkehrung der Verhältnisse, »Moching« für den bäuerlichen Charakter des gerade erst eingemeindeten Stadtteils.

Um 1900 übte Schwabing, diese »Massensiedlung von Sonderlingen«, so der Frühkommunarde und Dichter Erich Mühsam, eine ungeheure Anziehungskraft auf Menschen aus, die von einer besseren Welt träumten und den denkbar größten Abstand zum Kaiserreich hielten. Mehr als 1300 Künstler lebten hier am liebsten ungewöhnlich: Literaten wie Frank Wedekind, Stefan George und Rainer Maria Rilke, die Maler Wassily Kandinsky, Alfred Kubin und Paul Klee, die Anarchisten Ernst Toller, Gustav Landauer und Eugen Leviné. Frank Wedekind analysierte, dass die Naivität Münchens der Grund für seine Toleranz sei, »ohne urwüchsiges Leben ist keine Kunst denkbar«. Doch dieser Schwabinger Ausnahmezustand – »wir standen im Schnee und wollten glücklich bleiben«, schrieb Franziska zu Reventlow nach einem Faschingsfest –, konnte nicht ewig dauern. Der Alkohol, die Geldnot und vor allem der Erste Weltkrieg bereiteten dem Experiment Wahnmoching ein trauriges Ende.

Und heute? Ist künstlerische Subversion ein Anlass für Verehrung und im bürgerlichen Schwabing eine Seltenheit – wobei ein gehöriges Maß an Anpassung vorausgesetzt werden muss, sonst könnte sich niemand die Mieten leisten. Das Gefühl, Erbe einer besonderen Vergangenheit zu sein, scheint dennoch manchmal lebendig in dem einen oder anderen Café zu später Stunde, wie sie Joachim Ringelnatz im *Simplicissimus*-Lied besang: »Mitternacht ist's. Längst im Bette/liegt der Spießer steif und tot. Ja dann winkt das traulich nette /Simpl-Glasglüh-Morgenrot«. Heute würde Ringelnatz wahrscheinlich beim Poetry Slam vortragen, der seit 2012 einmal monatlich stattfindet – im Schwabinger Lustspielhaus.

74

Sightseeing:

Wie man in ruhigem Tempo und für wenig Geld viel sehen kann

Eine gute Nachricht für umzugsgestresste Neu-Münchner und fußlahme Besucher: Eine Stadtbesichtigung per Trambahn strapaziert höchstens die Augen. Vorbereitung und Aufwand sind dabei gleich null. Denn die Linie 19 schunkelt gemütlich an vielen Sehenswürdigkeiten vorbei, verkehrt meist pünktlich im 10-Minuten-Takt und verlangt nur 2,70 Euro pro Ticket (Stand 2017). Dafür geht es in einer knappen Stunde Fahrzeit vom westlichen Stadtteil Pasing bis zur St.-Veit-Straße in Ramersdorf. Die Stationen alle abzufahren, macht durchaus Sinn – schließlich besteht die Stadt nicht nur aus Vorzeigevierteln, und der Blick in den einen oder anderen Schmuddelwinkel bereichert den Gesamteindruck.

Nach dem Start in Pasing, das bis 1938 eine selbstständige Gemeinde rund um eine eigene goldene Marienstatue bildete, zockelt die Linie 19 über die Agnes-Bernauer- und die Landsberger Straße zum Hauptbahnhof und vorbei am neobarocken Justizpalast zum Stachus. Dort schlägt sie die linken Gleise ein und gelangt über den Lenbachplatz zum Promenadeplatz mit dem Hotel »Bayerischer Hof«. Jetzt beginnt die Edelmeile mit Geschäften, deren monatliche Quadratmetermiete dem Einkommen eines Hartz-IV-Empfängers entspricht: Über den Max-Joseph-Platz mit dem Nationaltheater klingelt sie sich durch die Maximilianstraße. Um das Max-II-Denkmal macht die 19 einen anmutigen Schlenker – wie auch um das Maximilianeum, den bayerischen Landtag, auf der anderen Isarseite. Am Max-Weber-Platz mit dem »Hofbräukeller« und seinem schönen Biergarten taucht die Tram ins studentische Haidhausen. Sie hält am Ostbahnhof und biegt dann in den untouristischen Osten mit dem Stadtteil Berg am Laim ab. An der St.-Veit-Straße ist Endstation – in Ramersdorf, das zwischen Frauen- und Herrenchiemseestraße seinem Namen alle Ehre macht und mit der nationalsozialistischen Mustersiedlung für den Mittelstand heute als reinstes Idyll erscheint.

Eine schöne Kombinationsmöglichkeit ergibt sich mit der Route der »Museumsbuslinie« 100. Sie beginnt am Ostbahnhof, fährt durch Steinhausen zum Prinzregentenplatz, umkurvt den goldenen Friedensengel und folgt der schnurgeraden Prinzregentenstraße vorbei am Haus der Kunst. Über die Gabelsbergerstraße nimmt der 100er Kurs auf Schwabing, klappert alle drei Pinakotheken ab, das Lenbachhaus und den Königsplatz. Das Ende markiert der Hauptbahnhof. Für beide Sightseeingstrecken zusammen empfiehlt sich eine Tageskarte für den Innenraum. Kostenpunkt: 6,40 Euro.

75

SPD:

Ein Phänomen – und ein Dorn im Auge der CSU

In Zeiten, da niemand mehr einen Pfifferling auf die Sozis gegeben hätte, war die SPD im Münchner Stadtrat eine sichere Bank – und das kontinuierlich seit 1948, mit Ausnahme eines sechsjährigen CSU-Intermezzos unter »Propeller-Erich« Kiesl Anfang der 1980er-Jahre. Eine Erklärung für das Phänomen liefert der Blick auf die Person des Oberbürgermeisters. Vier Sozialdemokraten haben in 66 Jahren die Stadt geführt: Thomas Wimmer, Hans-Jochen Vogel, Georg Kronawitter und Christian Ude – das macht 16,5 Amtsjahre pro Nase. In Beständigkeit und Unangefochtenheit eine Art rotes Wunder in Bayern, und womöglich genau das nötige Gegengewicht, um ein schwarzes Überschnappen im Süden zu verhindern. Als Stachel im Fleisch der den Freistaat dauerregierenden CSU handeln der SPD-geführte Rat und seine Oberbürgermeister als selbstbewusste Großstadtmacht – so sind die Politiker beschäftigt, und die Bürger haben ihre Ruhe. Außerdem sahen und sehen sie ihr Bedürfnis nach Renitenz stellvertretend befriedigt, wenn beispielsweise Christian Ude Edmund Stoiber mit Spott übergoss oder sich Münchens SPD gegen eine dritte Startbahn am Flughafen stellt.

Engagiertes Regieren belohnen die Münchner mit Treue. So konnte SPD-OB Ude bei seiner letzten Wahl 2008 zwei Drittel aller Stimmen einfahren – davon wagt die CSU nicht mal auf Landesebene zu träumen. Die darf – nach einer Art Salto mortale der Grünen aus der Regierungskoalition – nach den letzten Stadtratswahlen im März 2014 aber immerhin mitbestimmen. Hinter Dieter Reiter als Münchner OB sitzt der CSU-Mann Josef Schmid als 2. Bürgermeister und vertritt nicht selten deckungsgleiche Positionen, sodass man bösartig von zwei SPD-Leuten an der Spitze reden könnte. Das mag Taktik sein, um sich den sozialdemokratischen Führungserfolg in der Landeshauptstadt einzuverleiben, vielleicht ist es aber auch bloß Hilflosigkeit. Wie stark die Roten in der schönen Residenzstadt wirklich sind, wird sich wohl erst im Frühjahr 2020 zeigen – dann stehen die nächsten Kommunalwahlen an.

76

Stachus:

Warum ihn niemand Karlsplatz nennt

Wie heißt die unbekannteste Adresse Münchens? Genau: Karlsplatz. Denn so nennt den bis in die 1960er-Jahre verkehrsreichsten Platz Deutschlands nur die Durchsage in der S-Bahn. Alle anderen sagen Stachus. Das leitet sich ab von Eustachius, ehedem Schankwirt vor den Toren der Stadt. Mit vollem Namen soll er Matthias Eustachius Föderl geheißen haben – der Konjunktiv muss stehen, weil es zeitgleich einen Münchner Namensvetter gab, der als Vikar nach Indien auswanderte. Der Wirtshaus-Eustachi also soll eine Wirtschaft vor dem Neuhauser Tor betrieben haben, noch bevor der ungeliebte Kurfürst Karl Theodor auf die Idee kam, die Stadtmauer zu schleifen und den neu geschaffenen Platz nach sich selbst zu benennen. Das war 1797, damals lebten wohl beide Eustachi Föderl nicht mehr. Der Name Stachus aber blieb und bezeichnet doch viel schöner die sperrige Pracht der Rondellbauten, die Gabriel von Seidl zwischen 1899 und 1902 vereinheitlichte. Der Brunnen, ein Werk des Architekten und Verkehrsberuhigungsexperten Bernhard Winkler, steht seit 1972. Wahrlich krakenhafte Ausdehnung erreichen die unterirdischen Einkaufspassagen. Fast 8000 Quadratmeter groß, gelten sie als eines der weltgrößten Bauwerke unter dem Meeresspiegel.

77

Stadtteile und Statistiken:

Zahlen, Rankings und Tendenzen

Die Landeshauptstadt gliedert sich in 25 Bezirke, sieben davon liegen rechts der Isar, die anderen westlich des Flusses. Manche Stadtteilnamen deuten auf ihre Zusammenlegung anlässlich von Gebietsreformen hin: Neuhausen-Nymphenburg etwa oder Ludwigsvorstadt-Isarvorstadt. Andere Stadtteile gibt es amtlich in der im Sprachgebrauch üblichen Form gar nicht mehr: Schwabing zum Beispiel ist offiziell aufgeteilt in Schwabing-West und

Schwabing-Freimann und gilt dennoch als zusammengehörig und überdies am bevölkerungsstärksten mit 100 000 Einwohnern. Einige Bezirke wirken, als würden sie lieber zum grünen Umland gehören (Bogenhausen, Waldtrudering und Solln etwa), andere, wie das Hasenbergl und Neuperlach, würden auch neben Köln-Chorweiler und Berlin-Marzahn nicht auffallen.

Die Großstadt wächst jährlich um mehrere Kleinstädte: Im Mai 2015 überschritt München die 1,5-Millionen-Grenze. Im Vergleich zu 2005 wuchs es um 18,1 Prozent. Von Januar 2016 bis Januar 2017 verzeichnete die Statistik 20 000 Menschen mehr. Von den Einwohnern bekennt sich ein Drittel zum katholischen Glauben, zwölf Prozent sind evangelisch, und mehr als die Hälfte hängt einer anderen oder gar keiner Religion an. Der Anteil deutscher Bürger mit Migrationshintergrund liegt bei über 34 Prozent und damit höher als in Berlin. Seit dem Jahr 2007 gibt es mehr Geburten als Todesfälle. Beide Tendenzen widerlegen gängige Vorurteile von München als fremden- und familienfeindlicher Stadt. Andererseits findet man den größten Ausländeranteil in problematischeren Bezirken wie Milbertshofen, Hasenbergl und nördlich vom Bahnhof auf der Schwanthalerhöhe. In der Villenkolonie Prinz-Ludwigs-Höhe, am Nymphenburger Kanal und in den Innenstadtvierteln kann man Menschen fremder Herkunft dagegen mit der Lupe suchen.

Auf die höchste Bevölkerungsdichte kommt die Maxvorstadt mit mehr als 12 000 Bewohnern pro Quadratkilometer; damit schlägt sie sogar New York. Galt lange Zeit Schwabing als hippstes Quartier, hat ihm das Glockenbachviertel (amtlich: Isarvorstadt) als Partyhochburg schon vor Jahren den Rang abgelaufen. Für Westend und Giesing lauten die Trend-Prognosen: Hier wohnen noch Studenten und noch nicht das Establishment.

Die Lebenszufriedenheit der Münchner erfreut die Statistiker regelmäßig. In der Mercer-Studie führt die Freistaat-Hauptstadt seit Jahren die Liste beim Deutschland-Ranking um die höchste Lebensqualität an, im Weltvergleich erreicht München Platz 4. Innerhalb der Stadt gelten im jährlichen Boulevardzeitungs-Contest Schwabing-West vor Au-Haidhausen, Neuhausen-Nymphenburg und Altstadt-Lehel als die beliebtesten.

78

Stolpersteine:

Viele Argumente und eine mächtige Frau

In 1200 Städten Europas bilden mehr als 50 000 sogenannte Stolpersteine das größte dezentrale Denkmal der Welt. In Berlin gibt es über 6000, in Hamburg mehr als 5000, in München keinen. Zwar wird mit Tafeln an Hauswänden und mit Stelen der Opfer des Nationalsozialismus gedacht, aber nicht in Form von Pflastersteinen. Eingraviert in eine Messingplatte stehen darauf Name und Lebensdaten von verfolgten und ermordeten Menschen. Die zehn mal zehn Zentimeter großen Steine liegen meist vor den ehemaligen Wohnhäusern, versenkt auf öffentlichem Grund im Bürgersteig. Und genau das ist das Problem: »Menschen treten auf die Stolpersteine oder gehen achtlos über sie hinweg«, sagt Charlotte Knobloch, Präsidentin der Israelitischen Kultusgemeinde München und Oberbayern seit 1985. Bereits 2003 hatte der Ältestenrat die Anfrage des Stolperstein-Erfinders und -Verlegers Gunter Demnig negativ beschieden, im Sommer 2015 bestätigte der Stadtrat die Ablehnung. Ein Sieg für die »Herrscherin des Gedenkens«, eine Niederlage für das kollektive Bedürfnis nach Erinnerung?

Ganz so einfach darf man es sich nicht machen: Dass Charlotte Knobloch, geboren 1932 in München, zu Themen wie Flüchtlingskrise, Beschneidungsdebatte und NSU-Prozess immer klar Stellung bezieht, ist ein großer Wert für die Stadt.

Ihre Meinung zählt – als IKG-Präsidentin, Jüdin, Zeitzeugin. Das gibt ihr freilich nicht das Monopol auf die Gestaltung öffentlichen Gedenkens. Inzwischen hat sich eine Initiative gegründet und mehr als 100 000 Unterschriften unter dem Motto »München soll stolpern!« gesammelt. Der Verein strengte eine Klage gegen die Ablehnung an, er berichtet über die Verlegung der Steine auf Privatgrund und wenn sich wieder mal ein Bezirksausschuss fürs Stolpern ausgesprochen hat. Die Argumentation der Initiative lautet: »Jeder Mensch soll gedenken dürfen, wie er möchte«. Aber darf er das, wenn er stolpern soll? Und ist Gunter Demnigs Fließband-Pflastern wirklich ein künstlerisch und erinnerungstechnisch unverzichtbares Projekt? Auch kann es ja sein, dass der Stadtrat nicht einfach vor der mächtigen Frau Knobloch gekuscht, sondern heiß diskutiert hat über die Steine. Und vielleicht wäre ja das in der Hauptstadt der Bewegung der wichtigste Effekt: dass die Vergangenheit im Gespräch lebendig bleibt, statt dass sie betreten betreten wird.

79

Strände:

Am Beach: die Stadt und der Zeitgeist

Es gibt viele gute Gründe, den Sommer in der Stadt zu verbringen: Das Wetter ist im Juli und August oft herrlich, die Isar ersetzt das Mittelmeer, die Getränke sind auch am Strand gut gekühlt, und die Staugefahr geht bei Anreise mit dem Fahrrad gegen null. Strand, gekühlte Getränke, Radl? Passt seit ein paar Jahren auch in München zusammen – und die Beachbars werden immer mehr. Sie geben sich mal sportlich, mal familiär, und sind fast immer nah am Wasser.

Um mit der Ausnahme gleich anzufangen: Das »Beach38« gehört zu den Pionieren der Münchner Strandlokale und befindet sich in schönster Gewerbegebietslage hinterm Ostbahnhof. Hier ist reichlich Raum für drei Outdoor- und fünf Indoor-Beachvolleyballcourts und mehrere Batterien Liegestühle, auf denen der sportliche Feierabend mit einem kühlen Getränk und Gerichten aus der Urlaubsküche ausklingen kann. Auch im Munich Beach Resort an der olympischen Ruderregattastrecke in Oberschleißheim stehen alle Zeichen auf Sport: Beachminton, -soccer, -tennis, -volleyball und -handball toben sich auf 3500 Quadratmeter weißem Sand aus. Abkühlung verheißt der flache Regattasee. Die großzügigen Platzverhältnisse bei niedriger Anwohnerdichte prädestinieren das Areal für Partys wie die »Isle of Summer«-Nacht. Noch ein paar Schippen mehr Sand liegen am Föhringer Ring in der Beacharena: In Münchens größter Freiluftvolleyball-Anlage stehen acht Courts bereit, daneben Tennisplätze und ein Beachbiergarten mit Blick aufs schweißtreibende Strandleben.

Das Kontrastprogramm versprechen die innerstädtischen Sandkästen: Hier beschränkt sich die Bewegung oft aufs Bier oder Bionade holen und darauf, die Zehen im warmen Quarz zu vergraben. Nirgendwo lässt sich stilechter im weiß bezogenen Liegestuhl chillen als am schönen Praterstrand auf der gleichnamigen Insel. Unmittelbar an der Maximiliansbrücke gelegen und schallgeschützt durch die restaurierten Hallen einer früheren Likörfabrik ergänzen Loungesessel, Strandkörbe und ein schmaler Pool für heiß gelaufene Sohlen die Einrichtung. Es gibt Salate, Snacks und richtig guten Kaffee, wahlweise acht Sorten Bier, und bei Bedarf kommt auch die Bildung nicht zu kurz: bei Lesungen, Poetry Slams, Konzerten oder Kino am Beach oder mit einem Abstecher ins Alpine Museum, einem anderen Inselanrainer.

Wechselndes Kulturprogramm sorgt auch am Stadtstrand unter dem Namen »Great Bavaria Reef« für Abwechslung, daneben Drill & Chill, Yoga und andere Aktivposten. Der Strand am

Nordende der Museumsinsel hat sich rund um das Wasserbassin des Vater-Rhein-Brunnens zum sommerlichen Familien- und Freundetreff entwickelt, man aalt in orangenen Liegestühlen und lässt Vater Rhein einen guten Mann sein. Wie es den von seinem einstigen Standort Straßburg an die Isar verschlagen hat? Das ist in etwa so logisch wie Münchens neue Rolle als Strand(hoch)burg.

80

Christian Stückl:

Ein Intendant ohne Dünkel

Nicht viele Menschen sind auf Anhieb an ihrer Stimme erkennbar – Nachrichtensprecher und Thomas Gottschalk einmal ausgenommen. Christian Stückl aber hört man sofort heraus: Weil er leicht heiser und lispelig spricht und weil er es immer eilig hat, so, als würde die nächste Minute nicht reichen, um von all den herrlichen Projekten zu erzählen, die ihn gerade bewegen. Tage ohne Leidenschaft dürften für Christian Stückl selten sein. Tage ohne Arbeit auch, denn Stückl ist seit 2002 Intendant des Münchner Volkstheaters, daneben inszeniert er in anderen Opern und Theatern, kümmert sich mal in Salzburg um den »Jedermann«, mal in seinem Geburtsort Oberammergau um die Passionsspiele. Frei von Eitelkeit und Verdrängungsängsten arbeitet der Altmeister, geboren 1961, mit jungen und jüngsten Regisseuren zusammen, woraufhin umjubelte Stücke entstehen wie »Felix Krull« von Bastian Kraft oder »Der große Gatsby« von Abdullah Kenan Karaca. Seit 2005 präsentieren beim Festival »Radikal jung« Regietalente ihre Inszenierungen. Mehr als 4000 Zuschauer besuchen in dieser Aprilwoche das Volkstheater an der Brienner Straße. Und auch während der normalen Spielzeit ist der Zuspruch groß: Zwischen 80 und 90 Prozent beträgt die Auslastung auf den 609 Plätzen. Das liegt zum einen an den volkstümlichen Preisen, zum anderen an der enormen Spielfreude des Ensembles. Pro Spielzeit gibt es wenigstens zehn Premieren, das aktuelle Repertoire umfasst mehr als 20 Stücke.

Die Masse allein macht es natürlich nicht, es ist das Gespür für Themen und Stoffe, das Christian Stückl auszeichnet wie kaum einen zweiten Intendanten. Wenige Monate bevor 2015 die Flüchtlingswelle kam, brachte er den Klassiker zur Toleranz auf die Bühne, Lessings »Nathan der Weise«. Ein Jahr später ließ er für Dostojewskis »Schuld und Sühne« die Hauptfigur Raskolnikow als Amokläufer im Hamsterrad durchdrehen – ein halbes Jahr bevor der Attentäter im Olympia-Einkaufszentrum um sich schoss. Der Stückl- und Volkstheaterfreund ist inzwischen beinahe zwiegespalten: Soll er sich freuen auf die nächste Neuinterpretation oder sie nicht auch ein bisschen fürchten?

81

Süddeutsche Zeitung:

Vom Lizenzblatt zum Meinungsmacher

München und Bayern sind nicht nur geografische, sondern auch ideelle Begriffe. Wer nicht aus freien Stücken wegzieht, hängt oft dem verlorenen Lebensgefühl nach, dieser Mischung aus Barock und Bräsigkeit, aus feiner Kunst und derben Genüssen, aus

Strebsamkeit und Strawanzerei. Oskar Maria Graf trug im amerikanischen Exil Tag für Tag seine Lederhose, um die Heimat nah zu spüren, heute könnte ihn die *Süddeutsche Zeitung* in der Fremde wärmen. Nicht, dass die *SZ* je besonders bayerisch gewesen wäre – vielleicht verhält sie sich ähnlich zum Freistaat wie die Landeshauptstadt: mit einer gewissen Distanz zu Stammtisch und Ackerfurche.

Geliebt wird sie trotzdem oder gerade deswegen. Vor allem aber ist man stolz auf die *Süddeutsche*: eine Münchner Druckware, sechsmal die Woche frisch, in der bemerkenswerten Auflage von 475 000 verkauften Exemplaren am Wochenende und knapp 370 000 Stück unter der Woche. Die Boulevardpresse einmal außer Acht gelassen, ist sie die größte deutsche Tageszeitung zwischen Flensburg und Füssen und eines der wichtigsten Leitmedien der Bundesrepublik. In Kombination von Print und digitaler Ausgabe erreicht die SZ mehr als 4,3 Millionen Leser, davon zählen über 700 000 zur Kaste der Entscheider – die gedruckte Zeitung nehmen knapp 1,3 Millionen Menschen jeden Tag zur Hand, 70 Prozent als Abonnenten.

Die *Süddeutsche* hat eine vergleichsweise kurze Geschichte. Am 6. Oktober 1945 erschien die erste Ausgabe, herausgegeben vom parallel gegründeten Süddeutschen Verlag, lizensiert von der amerikanischen Besatzungsmacht, der eine »wichtige meinungsbildende« Tageszeitung vorschwebte. Diesen Auftrag nahm die *SZ* ernst und sprach gleich im ersten Geleitwort Klartext: »Zum ersten Male nach dem Zusammenbruch der braunen Schreckensherrschaft erscheint in München eine von Deutschen geleitete Zeitung … in der Liebe zur Freiheit, im Hass gegen den totalen Staat, im Abscheu gegen alles, was nationalsozialistisch ist«. Das ließ keinen Deutungsspielraum, und bis heute gewinnt der treue Leser den Eindruck, Autoren und Redakteure würden in einem Rhythmus schwingen, wenngleich die Meinungen so pluralistisch sind, wie es sich für eine Demokratie gehört. Das gilt auch für das Leseangebot: Die 96 Seiten der Wochenendausgabe bedienen von der Bildergeschichte bis zum Riemen »Buch Zwei«, von den »Stil«-Seiten bis zur Reportage auf der »Seite Drei« in Länge und Tonlage die unterschiedlichsten Lesevorlieben.

Den besten Journalisten hat die *SZ* wohl 2003 mit Herbert Riehl-Heyse verloren; den größten Clou ihrer Geschichte landete sie vermutlich mit der Veröffentlichung der Panama Papers 2016. Doch es muss gar nicht der fette Skandal sein, den die Leser an ihrer *SZ* lieben. Oft reicht am Morgen schon die kleine Form, das »Streiflicht«, und der Tag ist gerettet.

82

Synagoge:

Die Wiederauferstehung von Ohel Jakob

Eine Millionenstadt bietet Raum für alle Stimmungen und fein abgetönte Gefühlslagen, für Überschwang (Oktoberfest) und Melancholie, für Genuss (Biergärten), Gedankentiefe und Trauer. Einen solchen Ort markiert der »Gang der Erinnerung«, der das Gemeindezentrum der Israelitischen Kultusgemeinde unterirdisch mit der neuen Ohel-Jakob-Synagoge verbindet. Einzige Lichtquelle im 32 Meter langen Durchgang ist eine Installation aus Glasplatten mit den Namen von 4500 zur NS-Zeit ermordeten Münchner Juden. Durch Siebdruck und die Verschmelzung von jeweils sechs Platten entsteht eine Raumwirkung, als würden die Namen der Menschen, an die kein Grab erinnert, aus der Vergangenheit aufscheinen.

Durch das Gedenken zum Neuen zu gelangen, schafft eine feine Symbolik für die strahlend schöne Synagoge. Je nach Wetter- und Wolkenlage verändern ihr Glaskubus und der

Sockel aus rauem Travertin die Farben. Die Natursteinbasis erinnert an die Klagemauer in Jerusalem, von der sich der Überbau wie schwerelos abhebt. Seine Stahlkonstruktion bildet ein Muster aus Davidsternen, die ein transparentes Bronzenetz umhüllt, durch das bei Dunkelheit warmes Licht nach außen dringt. Im Inneren sind Zedernholz und der helle Meleke-Stein die vorherrschenden Baumaterialien, sie bilden sozusagen das Zuhause in der Fremde für die Menschen der Israelitischen Kultusgemeinde. Vor allem durch die Auswanderungswelle aus den ehemaligen Sowjetstaaten zählt sie heute wieder fast so viele Mitglieder wie vor 100 Jahren. Seit der Eröffnung am 9. November 2006, auf den Tag genau 68 Jahre, nachdem Münchens erste Ohel-Jakob-Synagoge in der Pogromnacht abbrannte, haben mehr als 250 000 Besucher die neue Hauptsynagoge besichtigt (Führungen über: Israelitische Kultusgemeinde München, www.ikg-muenchen.de).

Zu dem kleinen Wunder, das sich in ihrem Inneren vollzieht, wenn das Sonnenlicht einfällt und den Eindruck eines transparenten Zelts erweckt (die Bedeutung von »ohel«), hat die Synagoge auch eine städtebauliche Wohltat bewirkt. Vor dem Bau des Ensembles aus Gemeindehaus, Jüdischem Museum und Synagoge war der Jakobsplatz eine zugige Innenstadtbrache. Mit dem neuen jüdischen Mittelpunkt ist auch wieder Leben in diesen Teil des Angerviertels eingezogen – das wertet zugleich das Stadtmuseum auf, diese wohl beste Fundgrube für Fakten und Fakes rund um München.

»Der Bayer hat einen gemächlichen, gemütlichen Puls. Man kann dabei sehr alt werden.«

Erich Kästner
(1899–1974)

83

Tatort:

Batic und Leitmayr, das dienstälteste Ermittler-Team oder: So macht Mord Spaß

Das müssen Ehepartner erst mal hinbekommen: seit 25 Jahren zusammen und immer noch ein Team. Dabei sind Ivo Batic und Franz Leitmayr keineswegs grundsätzlich gleicher Meinung. Manchmal fliegen die Fetzen im Büro, das hauptsächlich als Standort für den Kaffeeautomaten dient, denn am liebsten spüren die Münchner »Tatort«-Kommissare in der freien Wildbahn ihrer Stadt Mord und Verbrechen nach: auf dem Viktualienmarkt und hinter der Opernbühne, im Nachtleben oder in sündteuren Vorortvillen, unter Volksmusikanten oder mitten im Schaustellermilieu auf der Wiesn. Am Neujahrstag 1991 begann die Beziehung des kroatisch-bayerischen Ermittlerduos, das ohne Hierarchie und Kadavergehorsam auskommt, das einerseits der Intuition folgen (Batic), andererseits den Verstand bemühen (Leitmayr) und auf unterschiedlichen Wegen zum selben Ergebnis finden soll. Beim ersten Casting wussten die beiden Darsteller, damals Mitte 30, noch nichts von der gleichberechtigten Anlage ihrer Figuren durch die BR-Redakteurin Silvia Koller: »Wir dachten, wir müssten gegeneinander anspielen«, sagte Udo Wachtveitl im Zeitungsinterview, »bis sich herausstellte, es ging nicht um Entweder-oder, sondern um Sowohl-als-auch.« Über 50 Tatortfolgen hat Silvia Koller bis zu ihrem Tod 2010 betreut und ist dabei drei Leitlinien gefolgt: 1. Ein Münchner Tatort muss münchnerisch klingen. 2. Die Geschichte kann so nur in München spielen. 3. Der klare Blick aufs Milieu ist unerlässlich.

Diese lokale Komponente hat nichts Anbiederndes, sondern seziert eher die vorliegenden Verhältnisse und ist vielleicht eines der Erfolgsrezepte der München-Plots, neben dem gut eingespielten Darstellergespann. Miroslav Nemec und Udo Wachtveitl verkörpern die Kommissare authentisch und facettenreich, die Filmbiografien gleichen ihren realen Lebensläufen: Nemec ist in Kroatien geboren und in Freilassing aufgewachsen, Wachtveitl stammt aus kleinen Münchner Verhältnissen.

Kein »Tatort«-Gespann hat mehr Fälle aufgeklärt (der 74. lief am zweiten Weihnachtstag 2016), bloß Lena Odenthal alias Ulrike Folkerts ist länger im Amt, und nur Boerne & Thiel und Ballauf & Schenk sind populärer. Die Einschaltquoten der einträchtig ergrauten Münchner Kommissare liegen regelmäßig bei mehr als 25 Prozent, das sind über neun Millionen Zuschauer. Ihre Vorgänger, Gustl Bayrhammer als Melchior Veigl mit Dackel Oswald und Helmut Fischer als Ludwig Lenz genossen schon zu Lebzeiten Kultstatus als Originale. Eine konventionelle Einordnung, mit der Batic und Leitmayr wirklich nichts am Hut haben.

84

Teufelstritt:

Warum München die Schuhgröße des Satans kennt

Zu früherer Zeit, am Ausgang des Mittelalters, ist der Teufel noch erfreulich deutlich in Erscheinung getreten, ohne Verkleidungen zu wählen wie die eines Diktators oder Attentäters. Und manchmal hat er dabei sogar Spuren hinterlassen, zu bewundern in der Münchner Frauenkirche. Dort befindet sich ein Fußabdruck im hellen Stein, mit einem Sporn an der Ferse. Die Geschichte dazu kursiert in mehreren Varianten, am plausibelsten erscheint die folgende: Der Fürst der Finsternis ließ seinen Blick mal wieder auf die Stadt München fallen und entdeckte, dass dort ein neuer, großer Kirchenbau kurz vor der Vollendung stand. Mit Backsteinen schnell hochgezogen, sollte er Platz für 20 000 Gläubige bieten – ein sehr weitblickendes Unterfangen, zählte die Stadt damals doch nur etwas mehr als halb so viele Einwohner. Außer sich vor Zorn fuhr der Teufel auf einem Sturmwind in die Kirche, um sie zu zerstören. Hinter dem Eingang hielt er inne, blickte sich um und konnte kein Fenster erkennen. »Die Menschen sind zu dumm gewesen, Fenster in die Kirche zu bauen«, mag sich Satan gedacht haben, »niemand wird in eine dunkle Kirche gehen«. Er stampfte freudig auf und zog davon. Als die Menschenmassen später ins Gotteshaus strömten, musste er seinen Irrtum einsehen. Doch nun war die Kirche geweiht und der Teufel machtlos. Nur sein Verbündeter, der Wind, will von der Frauenkirche nicht lassen und pfeift bis heute um ihre Backsteinmauern.

Allerdings hat die Sage ein Pferdefüßchen: Der Hochaltar von Peter Candid, der den Blick aufs Mittelfenster versperrte, stand erst seit der Barockisierung 1620, gut 140 Jahre nachdem Baumeister Jörg von Halspach den Dom Zu Unserer Lieben Frau vollendet hatte. Im Zuge der Gotisierung im 19. Jahrhundert verschwand der Altar, der Fußabdruck aber blieb. Dass der Teufel eher im Herrenschuh als mit nacktem Bocksfüßlein auftrat – wen stört's? Immerhin hinterließ er der Nachwelt Informationen zu seiner Schuhgröße: 46,5!

85

Tiere:

Von Affen, Lindwürmern und Deutschlands erstem Geopark

Was muss Mathilde von Habsburg für Ängste ausgestanden haben! Kaum war der zweite Sohn Ludwig geboren und hatte die gefährlichen ersten Lebenswochen überstanden, da entführte ihn der königliche Affe aus seinem Bettchen und kletterte am Erker des sogenannten Zwingerstocks hoch, der heute natürlich Affenturm heißt. Zwar legte der Primat Baby Ludwig wohlbehalten wieder ab, doch vielleicht hat der frühkindliche Ausflug irgendwelche Ahnungen von späteren Höhenflügen ausgelöst – als Ludwig der Bayer ließ er sich jedenfalls 1328 zum Kaiser krönen. 33 Jahre dauerte die Amtszeit des ersten deutschen Herrschers mit einer festen Residenz. Auch bei Ludwigs Lebensende hatte ein Tier seine Tatzen im Spiel: Der Kaiser starb 1347 bei der Bärenjagd in Puch.

Nicht weit vom Alten Hof treibt ein anderes sagenhaftes Tier sein Unwesen: Am neugotischen Rathaus hangelt sich am »Wurmeck« ein Drachen aus Kupfer turmaufwärts. Seine Herkunft ist ungeklärt. Manche möchten ihn für den Ausbruch der Pest verantwortlich machen, die die Schäffler angeblich besiegten, andere halten ihn für eine freie Interpretation des Wappentiers der Familie Schönecker, deren Stammhaus hier um 1310 stand. Nur, damit es nicht zu Verwechslungen kommt: Wenn heute von Tatzelwurm die Rede ist, meint der Münchner damit die vielbefahrene Hochbrücke im Stadtteil Freimann – ein neuzeitliches Monster. Auch am Sockel der Mariensäule und auf dem Wittelsbacher Brunnen mitten im Brunnenhof der Residenz tummeln sich die Fabelwesen.

Doch dürfen Münchens lebende Exoten nicht vergessen werden, immerhin knapp 20000. Die grunzen, fauchen, brummen und jaulen im Tierpark Hellabrunn, in der beinahe urwüchsigen Aulandschaft an der Isar. Auf mehr als 40 Hektar leben 770 Arten, bestaunt von mehr als zwei Millionen Besuchern im Jahr. Wenn gerade mal wieder Eisbärennachwuchs durchs Gehege tapst, wie Nela und Nobby 2014, dann können es leicht mehr sein. Zwar ist er nicht der älteste und auch nicht der größte innerstädtische Zoo der Republik, aber Hellabrunn hat als erster Geozoo Deutschlands Geschichte geschrieben. Hier leben die Tiere sortiert nach ihren natürlichen Lebensräumen in Gesellschaft der Arten, denen sie auch in ihrem Herkunftsland über den Weg laufen. Nach diesem ursprünglichen Konzept, das zwischenzeitlich dem Nachkriegspragmatismus weichen musste, soll der 1911 gegründete und 1928 wieder eröffnete Zoo auch zukünftig funktionieren. So kommen zum Beispiel in der 2013 eröffneten Giraffensavanne Erdmännchen, Stachelschweine und Giraffen miteinander aus. Für weitere Umzüge und Anschaffungen im Dienste der Biodiversität liegt ein Masterplan bereit. In den nächsten zwei Jahrzehnten werden jährlich fünf Millionen Euro in die Umgestaltung der Anlagen fließen. Dann führt ein Tag im Thalkirchner Tierpark unsere Enkel quer durch die Kontinente.

86

Tollwood-Festival:

Alternativ, ökologisch – und längst eine Institution

Mit Wut hat dieses Fest gar nichts zu tun, eher mit Woodstock, aber bedarf es überhaupt der Vergleiche? Denn das alternative Kulturfestival Tollwood ist längst eine Institution, und schon seine Gründung 1988 erschien »einfach kulturell notwendig«, so sahen es die Initiatoren Uwe Kleinschmidt und Rita Rottenwallner. Vielleicht ahnten sie bereits, was da an Reichtum und Raubtierkapitalismus auf die Stadt zukommen würde (Wirtschaftsmetropole) und wollten ein ökologisches und soziales Gegengewicht schaffen.

Als ein »Markt der Ideen« präsentiert das Festival eine Mischung aus Musik, Theater und Bildender Kunst, flankiert von fair gehandelter und bio-zertifizierter Gastronomie. In mehreren Zelten und unterm freien Himmel verteilen sich jeweils etwa 200 Kunsthandwerker und 50 Ess-Stände, die 830 000 Besucher mit Kost aus mehr als 15 Ländern versorgen. Rund 530 Veranstaltungen (Zahlen vom Sommertollwood 2016) finden statt, davon sind mehr als zwei Drittel kostenlos – und dass sich hier mal Carlos Santana und Kris Kristofferson die Ehre geben, hätte der unermüdliche Konstantin Wecker beim Eröffnungsauftritt 1988 wohl nicht für möglich gehalten. Im Winter beherbergt die Theresienwiese das Festival, im Sommer der Olympiapark, und jedes Mal liegt der Fokus auf einer anderen globalen Sauerei: mal geht es um die Intensivtierhaltung, mal gegen die Überfischung und Vermüllung der Weltmeere, anschaulich gemacht durch einen Wal aus 4000-Pet-Flaschen oder ein paar Dutzend nackter Freiwilliger im Gitterkäfig.

Irgendwie gelingt dem Tollwood der Spagat zwischen Öko-Ecke und Mitte der Gesellschaft, und seine treibende Kraft Rita Rottenwallner nahm sowohl Auszeichnungen vom Tierschutzbund als auch das Bundesverdienstkreuz aus der Hand des Ministerpräsidenten entgegen. Vielleicht würde Woodstock heute auf eine ähnliche Geschichte blicken, hätte es denn öfter stattgefunden. Zumindest die Wetterkapriolen haben es von Bethel/New York nach München/Bayern geschafft: Jahrelang besaß das Tollwood ein Abo auf Dauerregen, und beim Winterfestival 1999 brauchte Orkan Lothar genau fünf Sekunden, um alle Zelte wegzureißen. Nichts aber ist verheerender als eine Fußballmeisterschaft, so sagt es »Biwi« Johann Labermeier, der Platzwart der ersten Stunde: 2006 markierte deshalb einen Tiefpunkt der Tollwood-Erfolgsgeschichte. Seitdem beginnt das Festival einfach erst dann, wenn Welt- oder Europameister feststehen.

87

Trachten:

Der Mythos von Dirndl und Lederhose

Ach früher, da war die Welt einfacher! Damals galt: Das Authentische war das Bayerische, erkennbar an Dialekt, Gewand und dem Hang zum Deftigen. Und heute? Stehen »Hirsebratlinge mit Pilzen« auf der Biergarten-Karte, ist das Bairische zur Erkennungsmelodie von CSU-Reden degradiert und gilt die Tracht als ein heikles Thema. Denn: Anders als in Miesbach, Berchtesgaden oder Tölz gibt es gar keine historische Tracht in München. Oder, um es gerechter zu sagen, gibt es nicht nur eine, sondern mehrere belegbare Trachten. Nicht weiter verwunderlich in einer Stadt, die ursprünglich aus vielen Dörfern bestand. Ein Anachronismus sind Dirndl und Lederhose in ihrem jetzigen Erscheinungsbild aber ohnehin. Denn vor Gründung der ersten Trachtenvereine vor etwa 130 Jahren gab es keine einheitliche oder vorgeschriebene Optik. Die kam erst mit dem Begriff der »Gebirgstracht« auf – der Spielart fürs Oberland. In der Münchner Schotterebene dagegen griffen die einschlägigen Vereine noch weiter zurück: Die Mode am Ende der Biedermeierzeit haben die beiden ältesten lokalen Trachtenverbände, »Lechler« und »Die schöne Münchnerin«, mehr oder weniger konserviert. Die Alltagskleidung entwickelte sich weiter, die Tracht blieb biedermeierlich – bei der Aufregung um die aktuelle Auslegung von Tracht und ihrer angeblichen Traditionslosigkeit entweicht also viel heiße Luft.

Außerdem: Welcher Dirndlträgerin und welchem Lederhosenausführer geht es um Vergangenheitspflege, wenn sie ihr Wiesn-Gewand aussuchen? Schön scheinen gilt mehr denn je, ob im Wurstpellendirndl oder im leichten Sommerstoiber, einer Variation zum Janker. Zu Oktoberfest- oder Volksfestzeiten hat die Tracht Hochkonjunktur – und während sie noch vor einer Generation als Inbegriff von Spießertum galt, haben Jeans und T-Shirt im Bierzelt heute Seltenheitswert. Das freut auch die Kleiderindustrie, die den neuen Bedarf dankbar registriert hat. Seitdem wissen leidgeplagte Eltern und modebewusste Wiesngänger: auf der biedermeierlichen Form aufbauend, wird beinahe jedes Jahr eine neue Sau durchs Dorf getrieben. Mal sind die Dirndl kurz und quietschbunt, dann dürfen sich braun und türkis zusammenwürfeln, im Spätsommer 2016 stehen die Zeichen auf Pastell. Die Längen reichen von kurz überm Knie bis knöcheltief, die Preise von C&A bis unbezahlbar. Ein schöner Aspekt der neuen Trachtkultur: Sie feiert die persönlichen körperlichen Vorzüge, zaubert wundervoll gebirgige Dekolletés, schnürt schmale Taillen und bringt sportliche Männerwaden sehr natürlich zur Geltung. Und der Vorwurf, in München gäbe es nur noch »Faschingstrachtler«? Ja mei, wenn das kein Fall für die »Liberalitas Bavariae« ist!

88

Treppenhäuser:

Stiegen, Stufen, Himmelsleitern

Abstiege und Aufstiege, Karriereleitern und Treppenwitze – Stiegenhäuser stecken voller Symbolik, und es gibt sie in allen erdenklichen Formen, baulich an den Rand gedrängt oder architektonisch hervorgehoben. Nur um typische Treppen soll es sich hier drehen, von denen München die volle Bandbreite bietet, auch wenn natürlich nicht alle Häuser zugänglich sind.

Die Stiege in der winkligen Sterneckerstraße aber auf jeden Fall, denn hier ist das Bier- und Oktoberfestmuseum untergebracht: im ältesten Bürgerhaus Münchens, belegt seit dem Jahr 1340. Schnurgerade vom Erdgeschoss bis unters Dach führt seine Treppe, die als sogenannte Himmelsleiter typisch für Altmünchner Eigenheime war. Auch im Ignaz-Günther-Haus am St.-Jakobs-Platz erklimmt ein solches Exemplar die Stockwerke und ertüchtigt die Angestellten der Stadtmuseums-Verwaltung, die hier ihren Sitz hat und einen Blick ins Treppenhaus gestattet. Der Bildhauer Ignaz Günther erwarb das schmale Stadthaus und hat der Nachwelt den Kassenbon erhalten: 3978 Gulden und 23 Kreuzer kostete der Erwerb 1761, ein Beleg für frühe Münchner Wucherpreise. Bis heute kommen Himmelsleitern als architektonisches Zitat vor: etwa im vor gut 60 Jahren neu gestalteten Treppenhaus der Alten Pinakothek (Bau-Meister) oder in der Synagoge von 2006.

Der Gegenentwurf zur bescheidenen One-way-Stiege ist das Treppenhaus als Prunk- und Protzdemonstration, zum Beispiel im Palais Preysing, heute eine der ersten Laden-, Praxen- und Wohnadressen der Stadt. Das Heim des Grafen Preysing entstand um 1725 angeblich bei Nacht und Nebel, weil es der Bauherr so eilig hatte, seine standesgemäße Behausung zu beziehen. Den richtigen Architekten hat sich der Graf von Preysing mit Joseph Effner ausgesucht, Dominikus Zimmermann besorgte die wunderschönen Stuckarbeiten und wohl auch die Karyatiden, die die Galerie buckeln. Und einen weiteren Vorteil bietet das Palais: Von hier aus ist die Feldherrnhalle nicht zu sehen, sie ist direkt an die Nordseite gebaut.

Noch etwas mehr Glamour versprüht der Treppenaufgang im Justizpalast am Stachus. Er füllt mit der Eingangshalle den größten Raum des ohnehin riesig dimensionierten Gebäudes von Friedrich von Thiersch und reiht in jedem Stockwerk die Arkaden übereinander. Sollten hier schon die Delinquenten den Mut verlieren oder Justitia den Überblick? Im Februar 1943 musste sie sich nicht nur die Augen, sondern auch die Ohren verbinden, als Roland Freisler dröhnte, um die Widerständler der Weißen Rose zu verurteilen. Den letzten großen Auftritt hatte Uli Hoeneß hier, dem Zuschauer- und Medieninteresse geschuldet.

Dass für die Schlösser der Umgebung nur prunkvolle Treppenhäuser infrage kamen, zeigen die Residenz ebenso wie Nymphenburg oder Schloss Schleißheim. Dort wird die Repräsentation zur fast absurden Größe – ein Aspekt, den vielleicht auch die Installation »Umschreibung« von Olafur Eliasson von 2004 aufgreift. Seine begehbare »Endlos-Treppe« im Innenhof einer Beraterfirma an der Schwanthaler Höhe schwingt sich auf neun Meter Höhe, um dann im Bogen nach unten die Doppelhelix perfekt zu machen. Es ist die einzige Treppe, auf der man hinauf- und hinabsteigen kann, ohne dabei die Richtung zu wechseln. Auch den Prunkhof im neugotischen Neuen Rathaus von Georg Hauberrisser schmückt eine besondere Stiege: Die gewendelte »Treppe der Menschenalter« zeigt die vier Lebensalter vom Kind zum Greis – auch eine Form von Himmelsleiter.

89

Trinkwasser:

Wieso das Leitungswasser so rein ist

Ein wahrer Luxus des Alltags – das Münchner Wasser. Es plätschert zwar nicht direkt aus Bergquellen, dafür aber fließt es als reines Alpenvorlandprodukt in der Millionenstadt aus der Leitung, unbehandelt und so sauber, dass es für die Zubereitung von Säuglings- und Krankennahrung taugt.

Münchens Trinkwasserlieferant ist der Taubenberg, ein knapp 900 Meter hoher Bergrücken im Landkreis Miesbach. Vier Grundwasserströme, gespeist aus dem Mangfalltal, treffen am Taubenberg zusammen. Von hier stammen 80 Prozent des städtischen Wassers – neuerdings transportiert über eine Pipeline, die in 70 Meter Tiefe verläuft. Die anderen 20 Prozent werden aus dem oberen Loisachtal bei Garmisch-Partenkirchen abgezapft. Eine 60 Kilometer lange Leitung nutzt das natürliche Gefälle von Süd nach Nord. Reichen beide Bezugsquellen nicht aus, sichern fünf Förderwerke der südlichen Schotterebene den Bedarf. Dort befinden sich auch die drei Hochbehälter, die die Tagesration von mehr als 300 Millionen Litern bereithalten. In Spitzenzeiten liefern sie über 7000 Liter Wasser pro Sekunde.

Etwa zwei Drittel des hauptsächlich von Mischwald bestandenen Taubenbergs gehören der Stadt München, die vor mehr als hundert Jahren das Gebiet erwarb – damals nicht gerade zur Freude der Einheimischen. Ihre Nachkommen freuen sich vermutlich inzwischen über die Aufwertung und ökologische Vielfalt der Natur. Die heute rings um den Taubenberg ansässigen Bauern betreiben auf 3500 Hektar Fläche nachhaltige Landwirtschaft – das Mangfalltal gilt als größte zusammenhängend bewirtschaftete ökologische Fläche Deutschlands.

Die Idee, den Trinkwasserbedarf der Bevölkerung aus reinen Quellen zu stillen, hatte Max von Pettenkofer (1818–1901). Der Chemiker und Hygieniker zog 1854 die richtigen Lehren aus einer Cholera-Epidemie und baute sowohl eine funktionierende Kanalisation als auch eine zentrale Trinkwasserversorgung in der Residenzstadt auf. Zum Dank verliehen ihm die Münchner den Titel »Scheißhausapostel«. Aber es gibt auch eine geschmackvollere Würdigung seiner Leistung: Der Wittelsbacher Brunnen auf dem Lenbachplatz von 1895 feiert die Wasserversorgung der Stadt über die Hochdruckleitung aus dem Mangfalltal. Der Brunnen Adolf von Hildebrands zeigt die zerstörerische wie die segensbringende Kraft des Elements und hat nur einen Schönheitsfehler: Sein Wasser ist nicht trinkbar.

90

TSV 1860 München:

Wie der Löwe zum Fußball gekommen ist

Der TSV 1860 München hat es nicht leicht: Ungefähr seit der Steinzeit gibt es in der gleichen Stadt einen Fußballverein (FC Bayern), der etwa 500 Prozent reicher ist, der achtmal so viele Fanclubs und offenbar ein Dauer-Abo auf den Meistertitel hat. Der 1. Bundesliga wohlgemerkt; derzeit wäre der TSV schon dankbar, wenn er die gleiche Position irgendwann in der 3. Liga einnehmen könnte, denn aktuell sind sie in die 4. Liga abgestiegen und nun muss der Verein sich unter neuer Führung ganz neu aufstellen.

Dabei hat der TSV historisch Unerreichbares zu bieten. Seine Vereinsgründung fällt auf das Jahr 1860, also 40 Jahre bevor sich der 1. FC Bayern München als Abspaltungsprodukt eines anderen städtischen Vereins bildete. Und die »Sechzger« standen auch als erste Münchner Mannschaft im Finale um die Deutsche Meisterschaft. 1931 war das, und man verlor gegen Hertha BSC 3:2. Ein Jahr später gewann der FC Bayern den Titel. Nun ja.

Die Löwen, die ihr Vereinsmaskottchen natürlich von den Wittelsbachern geklaut haben, und die Münchner Bayern verbindet seitdem eine solide Lokalrivalität. Galt der FCB als chic, schlau und »Schwabing«, haben sich die 60er ihrer einfachen

Herkunft aus dem Arbeiterviertel Giesing nie geschämt. Dort ist seit 1926 ihr Grünwalder Stadion beheimatet – baulich eine herrliche Mischung aus Neuer Sachlichkeit und 1950er-Jahre-Chic, bis heute mit manueller Anzeigetafel. Seine Glanzzeit hatte das »Städtische Stadion an der Grünwalder Straße« in den 1960er-Jahren, als Pelé mit dem FC Santos hier 9:1 gegen die Lokalmatadoren gewann und die Löwen Deutscher Meister wurden. Heute trainieren im rückgebauten Oval auf »Giesings Höhen« die Jugendabteilungen des TSV und die Frauenmannschaft des FC Bayern. Am Wochenende finden Amateurbegegnungen vor bis zu 10 000 Zuschauern statt.

Auf welcher Vereinsseite man in München steht, als »Stern des Südens«-Anhänger oder als »Sechzger«, das kann in der entsprechenden Gesellschaft mehr aussagen als ein dreistündiges Gespräch. Auch wenn sie weniger Aussicht auf Jubel haben, halten die Fans dem TSV die Treue: Flo Weber von den Sportfreunden Stiller etwa oder Theo Waigel, ehedem Bundesfinanzminister. Denn vielleicht macht eben der Aspekt des Unperfekten die Löwen so sympathisch: dass eben nicht alles nach Plan läuft. Dass dieser Verein, wenn man so sagen kann, ein menschliches Gesicht zeigt. Mal ist er gut und alles scheint bestens zu laufen, dann geht doch wieder irgendetwas schief – der Investor springt ab, es droht der Lizenzentzug oder der Präsident Karl-Heinz Wildmoser hinterzieht Steuern und muss 27 000 Euro Strafe zahlen. Geht doch, denkt man heute, ein gutes Jahrzehnt nach dem Eklat um Wildmoser. Denn: Noch nicht einmal in dieser Hinsicht können die Münchner Löwen dem »FC-Bayern-Hoeneß« das Wasser reichen.

91

Türsteher:

Über die Mächtigen der Nacht

»Nirgendwo sonst ist es so wichtig wie in München, irgendwo reinzukommen, dabei zu sein, etwas Besonderes zu sein«, sagt Harry G., im bürgerlichen Leben Markus Stoll. Zwar spielte der Komiker und Entdecker des »Isarpreißn« damit auf die unmögliche Integration von Zugereisten ins bayerische Gemeinwesen an – aber was auf die Stadt im Großen zutrifft, spiegelt sich im Kleinen wider: an den Türen zu den Clubs. Je angesagter sie sind, desto größer ist der Zulauf – bei gleichbleibendem Platzangebot; da müssen sich die muskulösen Herren an Türrahmen oder Absperrband ja wie an der Himmelspforte fühlen. Oder etwa nicht?

Es sei »ein ganz normaler Job« wie Lokführer oder Busfahrer, beteuert Klaus Gunschmann. Er hat 20 Jahre lang den Eingang des legendären »P1« bewacht und seine Erinnerungen in Buchform gegossen (»Du kommst hier nicht rein! Der Mann an der härtesten Tür Deutschlands packt aus«) – darin unterscheidet er sich schon mal von Busfahrern und Lokführern. Zu den langweiligeren Begleiterscheinungen seines Jobs habe gehört, dass er die Tratschseiten der Illustrierten durchblättern musste, um nicht wieder den unbekannten Drummer einer megabekannten Band abzuweisen. Eine Menge Prominenz aber hat Gunschmann erkannt: Lady Gaga, die Rolling Stones, König Albert von Monaco, Paris Hilton und Olli Kahn, aber der gehörte ja als Stammspieler beim FC Bayern beinahe zum Inventar. Ansonsten gelte das Prinzip »mixed salad« aus dem New Yorker Club »Studio 54«. Ein gewisses Überangebot an Radieserln, also jungen, hübschen Mädchen werte die Mischung aus Anzugträgern und Gabelstaplerfahrern, Punks und normalen Nachtschwärmern auf, schließlich sei man eine »humane strenge Tür«.

Also alles total menschlich vor dem »Harry Klein« und dem »Pacha«, vor »Milchbar« und »Sugar«, »Crash« oder »Neuraum« – wenn man die richtige Hautfarbe hat. Schwarze finden seltener Einlass, im Selbstversuch musste der Senegalese bei 45 Anläufen in 28 Fällen draußen bleiben; sein ähnlich gestylter weißer Freund wurde immer durchgewunken. Der Verband der Münchner Kulturveranstalter hat sich des Problems angenommen. Unterschätzen sollte man die Türmänner und -frauen aber nicht: Sie müssen schon draußen abschätzen, ob nachher drinnen die Stimmung passt, sie kontrollieren nicht nur das Outfit, sondern auch den Jugendschutz und müssen es in manchen Nächten schaffen, 200-mal »Nein« zu sagen, damit drinnen niemand Platzangst bekommt. Und: Sie lassen nicht nur rein, sie werfen auch raus, wenn jemand aggressiv wird oder betrunken ist. Dabei halten sie den Fitnessstudio-gestählten Body hin und bekommen auch schon mal Bisse, Tritte oder Benzinattacken zu spüren. Wenig human – und doch offenbar eine Sucht. »Einmal Nachtleben, immer Nachtleben«, heißt ein Spruch, der erklärt, warum so viele, die sich doch nur Studium oder Ausbildung finanzieren wollten, am Clubeingang hängen bleiben, trotz Nacht und Nieselregen. Manche erlangen dabei Kultstatus, tragen martialische Nicknames und senden Videoblogs aus ihrem Leben. Denn vielleicht ist ja auch alles andersherum: Die Clubs sind wegen ihrer Türsteher da und nicht umgekehrt.

92

Umland:

In jeder Himmelsrichtung Traumziele fürs Wochenende

Auch der überzeugteste Städter braucht mal Ausgang – da trifft es sich hervorragend, dass das Münchner Umland dazu reichlich und wunderschön Gelegenheit gibt. Und das in jeder Himmelsrichtung: im Süden mit dem Alpenvorland und mit Kleinstadtperlen wie Bad Tölz und Murnau, sowie unmittelbar südwestlich mit dem Fünf-Seen-Land. Dazu gehören die bescheidenen Wasserflächen von Wörth-, Pilsen- und Weßlinger See, und die großen Eiszeitlöcher: der Ammersee, der als gutes Surfrevier gilt, und natürlich der Starnberger See. Über 120 Meter tief und unergründlich blau, ist er das Ziel zahlreicher Freizeitbeschäftigungen, für Bootstouren mit der Bayerischen Seeschifffahrt, von Radfahrern, die ihn auf 50 Kilometern ufernah umrunden, und von Genießern, die durch die Idylle von Bernried streifen, sich an Form und Inhalten des Museums Buchheim erfreuen oder beim »Fischmeister« in Münsing auf Prominenz hoffen. Ob es den Anwohnern gefällt, im Naherholungs-Epizentrum zu leben, sei dahingestellt – den Spritztouristen verderben weder Stau noch Parkplatzsuche die Laune, sonst würden sie ja nicht jedes Wochenende aufs Neue ausfliegen.

Richtung Osten lichtet sich die SUV- und Promidichte ein wenig, bei gleichbleibend schöner Landschaft und fantastischen Bademöglichkeiten, etwa im Steinsee. Der Ebersberger Forst ist eines der größten Waldgebiete Deutschlands, nicht weit entfernt liegen das Schlösschen Amerang und die alte Stadt Wasserburg, zu sieben Achteln vom Inn umschlungen. Nach Norden zu verlaufen sich die Hügel; rund um den Flughafen und die viel besuchte Erdinger Therme und ihr Wasserrutschen-Universum dehnt sich das Land brettleben aus. Der Freisinger Domberg stellt die erste Erhebung nach der Schotterebene dar – auch er mit dem von den Brüdern Asam restaurierten Dom und der kopfsteingepflasterten Altstadt ein guter Tipp fürs Wochenende.

Westlich der A9 erstrecken sich zwei wenig beachtete Naturparadiese, wenn auch ziemlich geschrumpft: die blümchen- und flechtenreiche Garchinger Heide und das Dachauer Moos, dessen melancholische Stimmungen einer Künstlerkolonie an der Wende zum 19. Jahrhundert die Motive lieferte. Durch Dachau glucksen Amper, Ascherbach und Mühlkanal in vielen Armen, und vom Schlossgarten bietet sich ein wunderbarer Blick auf München und die Alpentapete. Ähnlich unprätentiös wie Dachau wirkt Fürstenfeldbruck – wäre da nicht der jubelnde Spätbarock der Kirche St. Maria im Kloster Fürstenfeld. Südlich der Klostermauern beginnen die Amperauen, eine ähnlich urwüchsige Flusslandschaft wie sie die Isar bei Schäftlarn und Baierbronn bildet, bevor sie sich auf den Weg nach München macht und den Städtern, die keine Lust auf Umlandstau und Wochenendwahnsinn haben, die Natur am Flaucher frei Haus bringt.

93

Universitäten:

Wo hunderttausend schlaue Köpfe rauchen

Manchmal liegen echte Gewinner auch auf Platz 2 – beim Pitch um die größte deutsche Universität zum Beispiel. Denn rein zahlenmäßig gehört der Rekord der Fernuni Hagen mit ihrem virtuellen Campus – sozusagen eine Luftnummer. Die mehr als 50 000 Studenten der Ludwig-Maximilians-Universität tummeln sich dagegen ganz real an 18 Fakultäten auf historischem Gelände. Friedrich von Gärtner plante das Hauptgebäude an prominenter Stelle zwischen Feldherrnhalle und Siegestor, mit steigenden Studentenzahlen wuchs die LMU Richtung Adalbert- und Amalienstraße und ist längst organisch mit Schwabing und der Maxvorstadt verwachsen. Ihr Gründungsdatum bietet einen gewissen Interpretationsspielraum: Ist es 1472, als die erste Hochschule des Herzogtums Bayern in Ingolstadt den Betrieb aufnahm, oder gilt 1826? Damals zog die inzwischen nach Landshut verlegte Universität in die Residenzstadt um. Heute spielt das kaum eine Rolle, wichtiger erscheint, dass die LMU als beste deutsche Universität gilt und auch im globalen Ranking ordentlich abschneidet. Dabei liegt sie nur knapp hinter der Technischen Universität München, die sich über mehrere Standorte zwischen der Innenstadt, Garching und Freising-Weihenstephan verteilt. Fast 40 000 Studenten sind an der TUM eingeschrieben, und manch einer hofft vielleicht darauf, die Liste der 17 hauseigenen Nobelpreisträger zu erweitern. Abgesehen von den zwei Vorzeige-Unis bereichern Studierende der Akademie der Bildenden Künste, der Universität der Bundeswehr und von Hochschulen diverser Fachbereiche zwischen Film und Fernsehen bis Politik und Philosophie den Bildungs- und Partystandort München. Diese Akademikerdichte hat eine Boulevardzeitung zu einem etwas hirnlosen Wettbewerb angestachelt: Per Online-Quiz hat sie ermittelt, welcher Münchner Stadtteil den höchsten IQ hat.

94

Karl Valentin:

Ein trauriger Komiker und ein Musäumsstück

Die These, dass die besten Komiker immer melancholisch sind – hat sie Karl Valentin in Umlauf gesetzt? Von Depressionen dürfte er selbst nie gesprochen haben, so ein großkopferter Begriff passte nicht zu ihm. Geboren 1882, wuchs Valentin Ludwig Fey im Handwerker- und Armeleute-Stadtteil Au auf. Schon früh scheint dem gelernten Schreiner und gescheiterten Spediteur klar zu sein, dass es mit einer bürgerlichen Karriere nichts wird – vielleicht blieb dem spindeldürren Rotschopf mit den Segelohren physiognomisch auch keine andere Wahl. Bereits 1902 hat er einen ersten Auftritt als Komiker, lebt eine Zeit lang in Sachsen, feiert zurück in München Erfolge in der Brettlszene und lernt 1911 mit Liesl Karlstadt alias Elisabeth Wellano seine Bühnen- und Filmpartnerin für die nächsten 25 Jahre kennen. Gemeinsam balancieren sie über alltägliche Abgründe, verstricken sich in Missverständnissen, begehen in aller Unschuld Grausamkeiten, wenn sie im Film »Mythen eines Friseursalons« den Kunden enthaupten. Der seltsame Humor des Duos lässt sich zwischen höherem Dadaismus und reinem Klamauk schwer einordnen, wahr ist aber, dass sie vor allem als Paar erfolgreich sind. In den 1930er-Jahren trennen sich ihre Wege: Karl Valentin probiert eine neue Bett- und Bühnenpartnerin aus, Liesl Karlstadt versucht sich das Leben zu nehmen und kümmert sich nach der Genesung als Obergefreite einer Gebirgsdivision um Maultiere. Nach dem Krieg finden sie noch einmal kurz zusammen, bevor der traurige Clown Valentin am Rosenmontag 1948 stirbt. Liesl Karlstadt gelingt bis zu ihrem Tod 1960 der Wechsel ins ernste Fach nicht recht, sie dreht einen Werbespot und kommt als volkstümlich-seichte »Mutter Brandl« zu Radioruhm.

Die Erinnerung an das Gespann aber trüben keine Wolken: Im Isartor ist das Valentin-Karlstadt-Musäum untergebracht und wochentags zwischen 11.01 Uhr und 17.59 Uhr geöffnet, am Sonntag schon ab 10.01 Uhr. Für Kinder unter 6 Jahren und 99-Jährige ist der Eintritt in Begleitung ihrer Eltern kostenlos. Am Tor hängt eine Uhr mit gespiegeltem Ziffernblatt, um zu beweisen, dass in Bayern die Uhren anders gehen – das hätte den unzeitgemäßen Komikern bestimmt gefallen. Nur wenige Gehminuten entfernt stehen auf dem Viktualienmarkt Brunnen für den spillerigen Valentin und die kompakte Liesl; fast immer steckt ihnen jemand frische Blumen zu.

95

Väterchen Timofei:

Wie ein russischer Eremit die Olympiaplanung durcheinanderbrachte

Der Münchner ist, was die Politik angeht, pragmatisch: Wenn Regierung und Stadtrat ihre Sache ordentlich machen und den Bürger in Ruhe lassen, ist man froh um möglichst wenig Berührungspunkte. Doch es gibt ein paar Dinge, da hört der Spaß auf: das Bier ist einer, ein Heiliger in der Nachbarschaft ein anderer. Und Väterchen Timofei war ein Heiliger, daran glauben auch Menschen, die den 2004 gestorbenen Eremiten nur von Bildern kennen. Geboren vermutlich 1894, war Timofei Wassiljewitsch Prochorow möglicherweise ein Klosterbruder im Becken des Flusses Don, vielleicht aber auch ein Kohlenhändler, den die

Kriegswirren Richtung Westen schwemmten. Über Wien kam er um das Jahr 1951 nach München, begleitet von seiner Schwester-Frau Natascha, inspiriert von einer Marienerscheinung, die ihn geheißen habe, im Westen eine Kirche zu errichten. Auf dem Oberwiesenfeld, einer Schuttbrache im Norden der Stadt, fand Timofei den geeigneten Platz für seine Eremitage: Aus Kriegsgeröll baute er zunächst eine Kapelle, später auf dem Fundament einer Flakbasis die Basilika. Bald rahmten selbst gezogene Obstbäume das illegale Idyll, und auch im Inneren wuchs die Pracht um goldene Ikonen, Trockenblumengirlanden und gehäkelte Teppiche.

Das hätte noch ewig so weitergehen können, wenn nicht 1962 die Bundesvermögensstelle das Gelände beansprucht hätte, für militärische Zwecke! Väterchen Timofei, des Amtsdeutschs nicht mächtig, hängte den Bescheid in seine Kirche. Als der Staat massiver zu werden drohte, kam dem Eremiten der rettende Gedanke: Da es sich um eine »Heilige Dreieinigkeit Ost und West« handele, müsse ein internationaler Gerichtsbeschluss her. Der fand sich auch ein paar Jahre später nicht, als die Vorbereitungen für die Olympischen Spiele Timofei und Natascha endgültig aus dem Paradies vertreiben wollten. Nun aber machten die Münchner Nachbarn mobil und wehrten sich in Leserbriefen gegen die »Weltstadt mit kaltem Herzen«. Stadt, NOK und Olympiabaugesellschaft resignierten vor der gefürchteten schlechten Presse, verlegten für viel Geld die Spielstätten und pflanzten fürsorglich zwei Dutzend Bäume, um den heiligen Schandfleck vor den Augen der Weltöffentlichkeit zu verbergen. Väterchen Timofei aber blieb und wurde mit womöglich 110 Jahren zum ältesten Münchner, ein friedlicher Kämpfer gegen die Bürokratie. Seine Basilika steht bis heute.

Der langjährige OB Christian Ude nannte die Ost-West-Friedenskirche im Olympiapark (Spiridon-Louis-Ring 100) den »charmantesten Schwarzbau Münchens«. Das ist nur die halbe Wahrheit – denn mehr Silberglanz von Staniolpapier als in Väterchen Timofeis Basilika ist nicht vorstellbar.

96

Verlage:

Nicht ganz Buchhauptstadt und doch der Primus

Wer über Jahre an der Spitze stand, gibt den Titel nicht gern ab. Lange Zeit galt München als wichtigste Verlagsstadt in Deutschland, doch inzwischen übertrifft Berlin die Münchner Maßgabe von 125 Verlagen (2015) um 45 Unternehmen, rechnet man die Hinterhofverlage mit einem Umsatz von weniger als 17 500 Euro pro Jahr ein, kommt die Bundeshauptstadt gar auf eine dreimal höhere Zahl. Knapp 7400 Titel wurden 2015 in Bayerns Landeshauptstadt produziert, auch hier liegt Berlin mit mehr als 8200 Erstausgaben vorn. Nur der Umsatz zeigt, dass in der Hauptstadt kleinere Schrippen gebacken werden: an Münchens 1,2 Milliarden reicht sie nicht heran. Auf dem Pressemarkt fallen die Bilanzen noch eindeutiger zugunsten Berlins aus.

Aber vielleicht ist die Quantitätsfrage auch nicht so interessant. Wichtiger erscheint: Die Verlage bereichern München um Arbeitsplätze außerhalb von IT und Industrie, um belesene Mitarbeiter mit vielfältigen Interessen, um Gesprächsthemen und Anregungen. C.H.Beck, der Deutsche Taschenbuchverlag, Carl Hanser sind große traditionsreiche Unternehmen; Droemer Knaur und Langenscheidt und zahlreiche Fachbuchverlage sind hier ansässig, zur Presselandschaft zählen Süddeutscher Verlag, Burda, MVG, Condé Nast, Merkur, TZ, AZ und viele andere.

Wie überall, verändern sich auch hier die Vertriebswege – und obwohl die Verkleinerung der Hugendubel-Filiale am Marienplatz schmerzt, so gibt es doch zahlreiche andere Branchengrößen, etwa Lehmkuhl in der Leopoldstraße oder Texxt in der Sendlinger Straße. Auf eine treue Stammkundschaft setzen die Spezialisten: Geobuch hat vermutlich alle Karten und Reiseführer im Sortiment, die je gedruckt wurden, die Krimibuchhandlung Glatteis versorgt Kenner mit Gruselstoff, die Kunstbuchhandlung L. Werner verkauft seit 1878 Bücher zu Film, Kunst, Mode, Fotografie, Design und anderen schönen Dingen. Lentner, gegründet 1698, ist der älteste Buchladen Altbayerns, Literatur Moths vielleicht der schönste, Isarflimmern und Buch & Bohne sind zwei Beispiele für einladende Buchgeschäfte.

Daneben gibt es die Büchereien, allen voran die Bayerische Staatsbibliothek, die Münchner Stadtbibliothek im Gasteig oder die Internationale Jugendbibliothek in der Blutenburg. Sie stellt im James-Krüss-Turm den Nachlass des begnadeten Dichters von den Hummerklippen aus und bewahrt im Erich-Kästner-Zimmer und dem Michael-Ende-Museum Erinnerungen an die großen Kinderbuchautoren. Leibhaftige Begegnungen mit Schriftstellern und Meinungsbildnern ermöglicht das Literaturhaus am Salvatorplatz. Hier geben sich die großen Namen des Buchbetriebs ein Stelldichein, tragen vor, diskutieren und sind für einen Abend ihren Lesern ganz nah. Jedes Jahr finden Ausstellungen in der Galerie statt, auf ihrer Rückseite liegt die Brasserie OskarMaria. Einen weiteren Treffpunkt für Literaturfreunde schafft die Münchner Bücherschau im Gasteig: Über 18 Tage haben sie für jeweils 15 Stunden freien Zugang zur größten regionalen Buchmesse; Lesungen und Autorenabende rahmen die Präsentation ein.

97

Weiße Rose:

Ein Lichtblick im Nazi-Dunkel

Woher der Name? Von B. Travens Buch *Die weiße Rose*, als Symbol der Hoffnung oder nach Clemens Brentanos *Romanzen vom Rosenkranz*? Es spielt heute keine Rolle mehr; das Kalkül von Hans Scholl, einen »festen Begriff« zu wählen, der gut klingt, nichts Konkretes bezeichnet, aber für ein Programm steht, ist auf jeden Fall aufgegangen. Die Widerstandsgruppe Weiße Rose ist noch mehr als 70 Jahre nach ihrer Gründung ein Inbegriff für Aufrichtigkeit, Mut und Tapferkeit.

Der studentische Kreis um Hans und Sophie Scholl, Christoph Probst, Willi Graf, Alexander Schmorell und ihren Professor Kurt Huber verfasste nur insgesamt sechs Flugblätter, die ersten vier im Sommer 1942, das fünfte im Januar 1943, das sechste einen Monat später. Darin appellieren sie an ihre Kommilitoninnen und Kommilitonen, an jeden »ehrlichen Deutschen, der sich seiner Regierung schämt« und überhaupt an »alle Deutschen«. Und sie prangern an: die Ermordung der Juden auf »bestialischste Art«, die Verbrechen des Regimes in der Verwaltung wie an den Kriegsfronten, die geistlose »Diktatur des Bösen« und die Verknechtung Europas. Wohl kaum jemand hat derart unmissverständlich die Wahrheit und seinen Abscheu gegen das NS-Regime formuliert. Obwohl sie den Lesern nur den passiven Widerstand empfahlen, so waren die Studenten doch selbst ins aktive Lager gewechselt, zogen nachts los, um Parolen auf Hauswände zu schreiben und um Flugblätter tausendfach zu vervielfältigen und zu verschicken. Ihre Auffassung von Freiheit, Menschlichkeit und einer Lebensführung, die vor dem eigenen Gewissen besteht, vertrug sich nicht länger mit dem bloßen Erdulden von Hitler und Konsorten.

Vielleicht war es dieser unbezwingbare Drang, die eigene Meinung herauszurufen, der Hans und Sophie Scholl so unvorsichtig machte, ihre Flugblätter am helllichten Tag des 18. Februar 1943 vom zweiten Stock der Universität in den Lichthof zu werfen. Der Hörsaaldiener entdeckte sie und hielt die Geschwister fest. Vier Tage später starben sie und Christoph Probst in Stadelheim durch das Fallbeil (Johann Mannhardt), ihre engsten Mitstreiter wurden wenig später hingerichtet. Ein Bodendenkmal, das die hingeworfenen Flugblätter zeigt, erinnert vor dem Eingang der Ludwig-Maximilians-Universität an ihre tapfersten Studenten, zudem ein weiteres Denkmal sowie eine ständige Ausstellung im Inneren des Hauptgebäudes.

98

Weißwurst:

Die Wurst – als Delikatesse und Äquator

In wenigstens einem Kapitel muss es um die Wurst gehen, das lässt sich auch für Vegetarier nicht vermeiden. Denn die Wurst, in ihrer Sonderausprägung der Münchner Weißwurst, ist Lieblings- und Leibgericht, für das sich in Kombination mit dem süßen Gewürzsenf und einer knusprigen Breze auch viele Fremde erwärmen. Die original hergestellte Weißwurst besteht im Idealfall aus fein geschnittenem Kalbfleisch (zu mindestens 51 Prozent), Schweinefleisch (höchstens 49 Prozent), Salz, Petersilie und Gewürzen, darunter auch Muskat und Zitronenpfeffer. Sie darf gebrüht, aber keineswegs gekocht werden, und vorm Verspeisen muss die Haut entfernt werden, weil statt einem feinen Schafs- ein dickerer Schweinedarm das weiß-gräuliche Innere umhüllt. Das erledigen Geübte, indem sie das Fleisch herauszuzeln, also nicht zubeißen, sondern eher ziehen; legitim ist aber auch das beherzte Abhäuten mit dem Messer. Nur schnell sollte man sein, bevor das stramme Würstchen anfängt zu schrumpeln.

Richtig heißt es übrigens Weißwürst' und nicht etwa Weißwürste – dagegen ist die Regel, dass die Wurst das Zwölf-Uhr-Läuten nicht hören darf, dank neuerer Konservierungsmethoden längst hinfällig. Ob der Entstehungsmythos der Weißwurst aus einer Verlegenheit in der Gaststätte »Zum ewigen Licht« stimmt, lässt sich dagegen nicht mehr feststellen. Angeblich gibt es auch Bilder von Weißwurst zuzelnden Münchnern, die vor dem 22. Februar 1857 datieren. An jenem Tag soll der Wirtsmetzger Joseph Moser im »Ewigen Licht« erstmalig Kalbfleisch in Schweinedärme gefüllt und diese dann gebrüht haben.

Eine vollkommen münchnerische Angelegenheit also, ab 1893 auch in Kochbüchern erwähnt – und deshalb hätte die »Schutzgemeinschaft Münchner Weißwurst« ihrem Prachtstück gern den Patentschutz umgehängt. Kein norddeutscher Discounter dürfte dann mehr unter dem zugkräftigen Namen »Münchner Weißwürste« seine wenig originalgetreuen Erzeugnisse verkaufen. Doch das Patentamt lehnte ab, und so müssen Genießer selbst entscheiden, wo die Wurst am besten schmeckt – ob jenseits des Weißwurstäquators nördlich der Donau oder diesseits davon.

»Für mich ist München mein Deutschland. Außerhalb Münchens ist für mich Ausland.«

Helmut Dietl
(1944–2015)

99

Wirtschaftsmetropole:

Das liebe Geld – warum München unaufhörlich boomt

Was macht Städte reich im ganz profanen Sinn wirtschaftlichen Erfolgs? Woran liegt es, dass diese Stadt wie ein Strudel in der Badewanne alles ansaugt, was Fortschritt, Investition und Profit verspricht? Wieso passt hier der Laptop zur Lederhose wie die Dividende zum Dirndl?

Bei einem Blick auf die Münchner Wirtschaftsleistung purzeln die Rekorde: Bis zum Jahr 2025 erwartet München das stärkste Wachstum der deutschen Metropolregionen. Schon jetzt treffen hier der größte Bevölkerungszuwachs, die niedrigste Arbeitslosenquote und das höchste Bruttosozialprodukt aufeinander. In Stadt und Umkreis leben 22 Prozent der Bayern, die 31 Prozent aller bayerischen Umsätze erwirtschaften. Vermutlich eine Spätfolge des Zentralismus à la Montgelas, über den manch ein Oberpfälzer und Unterfranke bis heute stöhnt. Da neue Jobs vor allem dort gedeihen, wo es bereits welche gibt, wird der Höhenflug anhalten und der Wanderungsbewegung Richtung Süden beständig neue Nahrung geben.

München ist laut einer Wirtschaftsprüferstudie im Metropolenvergleich Spitzenreiter bei den »forschungs- und wissensintensiven Industrien« – da passt es, dass die Akademikerquote mit 14 Prozent verhältnismäßig hoch ist und weiter steigen dürfte, wenn gut ausgebildete junge Leute an den Standort strömen. Jetzt muss nur noch die Einrichtung von Kinderbetreuungsstellen nachwachsen. Die Liste der wichtigsten Arbeitgeber der Region liest sich wie ein Branchen-Who's-who: BMW, MAN, Siemens, Linde, Munich Re, daneben Technische Hochschule, Stadtwerke und Flughafen. Der Begriff Isar-Valley fasst die Intelligenz-Ballung von Hochtechnologie, IT und Mikroelektronik zusammen. Seit 2012 steht bei Garching der leistungsstärkste Computer Europas und hört auf den Namen SuperMUC.

Und woher kommt die Anziehungskraft auf Geld und Geist? Sicher ein Ergebnis von Ansiedlungs- und Förderprogrammen (zuweilen bei gleichzeitig ausgeschaltetem Gewissen – in und um München stehen die Waffenschmieden der Republik). Aber auch eine Folge der hohen Lebensqualität: Hier zu wohnen bietet den Bürgern viel: viel Freizeitwert, viel Kultur, viel Geld. Das hiesige Pro-Kopf-Einkommen liegt weit über dem bundesdeutschen Durchschnitt und könnte selbst Hamburg schlagen, wenn die Mieten nicht so teuer wären. Die Münchner rangieren mit einer Kaufkraft von etwa 30000 Euro bundesweit auf Platz 3, nur übertroffen von den Landkreisen Starnberg und Main-Taunus. Im Stadtteil Grünwald ist jeder 105. der 11000 Einwohner Millionär.

Und die Schattenseite? So beständig die Büroflächen wachsen, so sehr hinkt der Wohnungsbau hinterher. Auf dem Immobiliensektor herrscht von der Wohnungskündigung mit anschließender Luxussanierung bis zu den Ladenmieten ein gnadenloser Verdrängungswettbewerb. Zwar sind nur 4,6 Prozent der Münchner arbeitslos, doch wie die über die Runden kommen, mag man sich gar nicht vorstellen. Auch wie Altenpfleger, Erzieherin und Busfahrer eine Miete von 16,60 Euro pro Quadratmeter Neubauwohnung aufbringen können, weiß niemand. München ist zu Recht stolz darauf, einen der höchsten Ausländeranteile unter allen Großstädten zu haben, allerdings bewohnen die Migranten vor allem jene Viertel, die besser verdienende Deutsche meiden. Ein Trend zur Banlieue, vor dem den Stadtentwicklern eigentlich Angst und Bange sein müsste.

100

Wittelsbacher:

Was München seinen begnadeten Verschwendern verdankt

Manch einem geizigen Provinzbürgermeister möchte man es ins Amtsbuch schreiben: Nur wer Geld verteilt, der bleibt! Das ist keineswegs kommunistisch misszuverstehen, denn es soll ja hier um die Wittelsbacher gehen, die als eines der ältesten Herrschaftsgeschlechter Deutschlands auf Otto von Scheyern (um 1000) zurückzuführen sind. Schon früh fanden sich echte Großmäuler in ihren Reihen – wie Ludwig der Bayer, der ab 1328 fast 20 Jahre Kaiser im Heiligen Römischen Reich war – und nach ihm andere Prasser und Exoten. Albrecht V. (1528–1579) etwa erwarb für die Hofbibliothek mehr als 800 Bände eines Gelehrten und begründete damit die Bayerische Staatsbibliothek, er ließ das Antiquarium für seine Antikenkollektion bauen und brachte in der Alten Münze über 6000 Objekte seiner Kunst- und Wunderkammer unter. Im 17. Jahrhundert gab Max Emanuel bereits als Säugling Anlass für kostspielige Baumaßnahmen: Die Theatinerkirche entstand als Dank für die Geburt des Thronfolgers. Der Kurfürst selbst investierte in den Ausbau der Schlösser Nymphenburg und Schleißheim, er kaufte Rubens und legte den Grundstock der Alten Pinakothek. Noch bunter trieb es sein Sohn Karl Albrecht, der bei seinem Tod als Kaiser Karl VII. dem Land 35 Millionen Gulden Schulden hinterließ – allein vier Millionen hatte 1722 die Hochzeit mit der Habsburgerin Maria Amalia gekostet. Gar nicht mit Geld aufzuwiegen ist allerdings die liebliche Amalienburg im Nymphenburger Schlosspark, die Karl seiner Gattin schenkte, vielleicht als Entschädigung für seine vielen Amouren.

Mit denen vertrieb sich auch Ludwig I. (1786–1868) die Zeit – sofern er nicht mit Bauplänen beschäftigt war oder die Hofarchitekten mit seiner Geltungssucht an den Rand der Verzweiflung brachte. Ihm, dem größten Wittelsbacher Verschwender, verdankt München den Königsplatz mit Glyptothek, Antikensammlung und Propyläen, die Alte Pinakothek, die Ludwigstraße samt Universität und Feldherrnhalle am Odeonsplatz, Ruhmeshalle und Residenzausbau, Staatsbibliothek und Opernhaus. Oder kurz gefasst: den Beinamen Isar-Athen. Was Ludwig in die (Bau-)Kunst steckte, sparte er beim Militär, bei den Beamten, bei den Heizkosten der Residenz und auch an seinem persönlichen Luxus: Eine Fotografie des 74-Jährigen zeigt einen asketisch-schlanken Mann. Dagegen brachte den Griechenfreund ein anderer Deal knapp vor den Offenbarungseid: Es hatte Griechenland Notkredite über fast vier Millionen Gulden gewährt. Auf einem blieb er sitzen und musste aus seiner Privatschatulle zahlen – 1,23 Millionen plus 296 000 Gulden Zinsen.

Seinem Enkel, geboren am gleichen 25. August wie Ludwig I., war das Verschwenden also in die Wiege gelegt. Im Unterschied zu seinem Opa aber hinterließ Ludwig II. seine architektonischen Segnungen weniger der »verhassten, unseligen« Residenzstadt, sondern er verteilte sie quer durchs Oberland – Schloss Linderhof bei Oberammergau, der Königshof auf dem Schachen bei Garmisch-Partenkirchen, Neuschwanstein bei Füssen, Herrenchiemsee auf der gleichnamigen Insel. Der 70 Meter lange Wintergarten inklusive See und Pavillon, den der Märchenkönig auf dem Dach der Residenz anlegen ließ, um sich ins indische Dschungelparadies zu träumen, verschwand 1896 sang- und klanglos, weil in den darunterliegenden Räumen ein Wasserschaden drohte. Und selbst heute, mehr als 130 Jahre nach seinem Tod, erregt der Kini noch die Gemüter: Über den CSU-Antrag und Herzenswunsch des Deutsche-Eiche-Wirts Dietmar Holzapfel, sein Denkmal an der Corneliusbrücke zu rekonstruieren, streitet aktuell der Stadtrat.

101

Wohnungsmarkt:

Keine Sache von Angebot und Nachfrage

Normalerweise regulieren Angebot und Nachfrage den Markt. Auf dem Münchner Wohnungsmarkt gibt es nur die Nachfrage. Einer zu vergebenden Wohnung stehen durchschnittlich 77 Bewerber gegenüber – und das ist nur ein statistischer Wert, der auch das Wohnklo mit Schlafküche in Neuperlach oder im Hasenbergl miteinbezieht. Besichtigungstermine für eine Drei-Zimmer-Altbauwohnung im Lehel locken vermutlich mindestens doppelt so viele Interessenten an, oder gar keine, weil es ohnehin sinnlos erscheint. Es gibt wahrscheinlich keinen unter den rund 1,5 Millionen Münchnern, der nicht einen Freund oder Bekannten auf Wohnungssuche kennt. Fluktuation findet nicht statt – dafür aber ein enormer Zustrom. Seit 2011 kamen etwa 20 000 Menschen in die Stadt, pro Jahr wohlbemerkt. Das spüren alle, zum Beispiel am Dauerstau auf den Einfallsstraßen: morgens ins Zentrum, am Nachmittag raus, am Abend wieder rein.

Wird doch mal eine Wohnung frei, geschieht Folgendes: Entweder wandern die kostbaren Quadratmeter in das Exposé eines Maklers, der einen Interessenten seiner langen Warteliste glücklich macht – gern auch an dieser Warteliste vorbei –, oder der Wohnraum wird luxussaniert. Die Auswirkungen sind etwa dieselben: Die Preise nehmen Kurs Richtung Weltall. Zuletzt im gläsernen Wohnturm »The Seven«, der in einem früheren Heizkraftwerk entstand und mit einer Sicherheitstechnik ausgestattet ist wie ein Staatsgefängnis. Hier kostet der Quadratmeter bis zu 29 000 Euro und damit etwa sechsmal so viel wie die aktuelle Höchstmiete in der Stadt. Die wird im »Palais an der Oper« fällig, der ehemaligen Hauptpost im Palais Toerring-Jettenbach, 4600 Euro für eine 87-Quadratmeter-Wohnung (Stand 2016).

Die Verlierer des Hypes sind einerseits Studenten, die sich bis zum Examen nicht vom Elternhaus lösen können, andererseits Rentner und Flüchtlinge. Auch Handwerker, Facharbeiter, Krankenschwestern und Erzieherinnen müssen den Großteil ihrer Einkommen in die Miete stecken. Die Flucht ins Umland stellt keine Alternative mehr dar. Die Landkreise rings um München nähern sich preislich der Landeshauptstadt an, und auch hier stehen die Zeichen auf Wachstum: 3,5 Millionen Menschen sollen 2045 die Metropolregion bevölkern.

Aber die Wohnungsnot macht auch erfinderisch: Aussichtsreicher als die Wohnraumsuche ist der Wohnungstausch, der allerdings nur unter gleichwertigen Immobilien funktioniert. Den Ausstieg aus der Preis-Miet-Kauf-Spirale haben die Wohnwagenbewohner des Stattparks Olga geschafft. Olga steht für »Ohne Lenkrad geht's auch« und die Gesinnung der derzeit 25 Mieter in Bau-, Wohn- und Zirkuswagen. Denn mieten müssen sie ihre Stellplätze schon, wenn auch nicht so teuer. Alle zwei Jahre steht ein Umzug an, zuletzt Richtung Sendling, dann toleriert die reiche Stadt das erfrischend anarchische »Leben im Wagen«.

❋

Register

Impressum

Für V., mein Münchner Kindl. BM

Verantwortlich: Claudia Hohdorf, Ulrich Jahn
Lektorat: Juliane Braun
Entwicklung Reihengestaltung: Alexandra Rusitschka – grafik&buchdesign
Layout: graphitecture book & edition
Umschlaggestaltung: Alexandra Rusitschka – grafik&buchdesign; Umsetzung: Rico Kummerlöwe
Repro: LUDWIG:media
Herstellung: Miriam Tönnes
Printed in Slovenia by Florjancic

★★★★★

Sind Sie mit diesem Titel zufrieden?
Dann würden wir uns über Ihre Weiterempfehlung freuen.
Erzählen Sie es im Freundeskreis, berichten Sie Ihrem Buchhändler, oder bewerten Sie bei Onlinekauf.
Und wenn Sie Kritik, Korrekturen Aktualisierungen haben, freuen wir uns über Ihre Nachricht an Bruckmann Verlag, Postfach 40 02 09, D-80702 München oder per E-Mail an lektorat@verlagshaus.de.

Unser komplettes Programm finden Sie unter

www.bruckmann.de

Bildnachweis:
Umschlagvorderseite: Münchner Kindl (Shutterstock/dovia982)

Die Deutsche Nationalbibliothek verzeichnet diese Publikation in der Deutschen Nationalbibliografie; detaillierte bibliografische Daten sind im Internet über http://dnb.d-nb.de abrufbar.

ISBN 978-3-7343-0919-9